MAMAN, Y'A PAPA QUI BOUGE ENCORE !

René BRUNEAU

Editions théâtrales ART ET COMEDIE
102, rue Léon-Maurice Nordmann
75013 PARIS

PERSONNAGES

DONATIENNE : Grosse femme, tonique et forte en gueule.

CLEMENTINE : Sa fille, jeune banlieusarde délurée.

FELIX : Vieille gloire de la danse, ancien Maître à danser des cours princières.

FRED : Son secrétaire très particulier. Efféminé, maniéré, visiblement inverti.

MADO : Amie de Donatienne, ex-tapineuse au grand cœur.

DENISE LESECQ : Enquêtrice sociale. Revêche et aigrie.

LEJEUNE : Son jeune stagiaire, sympathique.

LE POMPIER DE SERVICE : une seule réplique.

DÉCOR

L'action se déroule dans l'intérieur cossu d'une propriété de Neuilly. Pièce claire. Une fenêtre à gauche. Trois portes : celle du fond donnant sur le hall d'entrée, celle de la cuisine à gauche, celle qui conduit aux chambres à droite. Près de cette dernière, un bac avec une haute plante verte. Aux murs, les photos encadrées d'un danseur classique et mondain. Décoration très masculine (buste d'éphèbe par exemple). Une table, des chaises. Une étagère murale au-dessus d'une des chaises, où sont posés quelques livres et bibelots. Posée quelque part, une chaîne HI-FI (ou lecteur portable) et quelques C.D. Deux fauteuils.

L'ensemble doit dégager une impression d'aisance, en dépit d'un modernisme un peu dépouillé et très masculin.

ACTE I

Le rideau est fermé. Par l'entrebâillement à gauche apparaît la tête de Donatienne.

DONATIENNE : Psst ! Psst ! Clémentine ! Clémentine ! T'es là ? Clémentine !

> *(Par l'entrebâillement central apparaît Clémentine.)*

CLEMENTINE : Maman ! Qu'est-ce que tu fais là ? Va-t'en, tu vas tout faire rater !

DONATIENNE : Il t'a parlé ?

CLEMENTINE : Evidemment qu'il m'a parlé ! Fous le camp, il est parti chercher sa voiture, il va revenir, tu vas tout faire rater, j'te dis !

DONATIENNE : Il t'emmène chez lui ?

CLEMENTINE : Ben où tu voudrais qu'il m'emmène ? Chez le dentiste ?

DONATIENNE : Et c'est loin chez lui ?

CLEMENTINE : A Paris, c'est tout c'que je sais !

DONATIENNE : C'est que j'ai p'us trop d'essence...

CLEMENTINE : Tu pouvais pas y penser avant, et faire le plein ?

DONATIENNE : Faire le plein ! T'as des sous, toi ?

CLEMENTINE : Si j'avais des sous, on serait pas obligées de...

(Bruit de moteur. Deux petits coups de klaxon.)

(derrière elle) Oui, j'arrive ! *(A sa mère.)* Bon, le pigeon s'impatiente, j'y vais ! Tu nous suis discrètement, pas en échappement libre comme la dernière fois ! T'as bien l'appareil photo ? *(klaxon)* Ouais, ça vient ! *(A sa mère.)* Pis tu m'laisses pas des plombes avec lui, il m'a l'air sacrement sous pression ! Au fait, et Bébé ?

DONATIENNE : T'en fais pas, il est chez Mado. Allez, j'y vais. Pis tâche voir quand même, que ça soye un peu compromettant pour la photo. La dernière fois, avec l'autre, z'aviez l'air aussi intimes que deux divorcés à la conciliation ! Tu parles si c'est facile, après, pour négocier ! Et t'inquiète pas, j'vous file le train...

(Donatienne disparaît. Klaxon.)

CLEMENTINE : *(disparaissant à son tour)* J'arrive, me v'là ! *(Voix off.)* Je téléphonais à ma mère pour lui dire qu'elle m'attende pas pour manger.

(Claquement de portière, ronflement d'une auto qui démarre et s'éloigne. Puis bruit d'un moteur qui refuse de démarrer.)

Voix off de DONATIENNE : Merde ! Merde ! C'est pas vrai ! La panne sèche ! Saloperie de bagnole ! *(Criant)* Clémentine, ma chérie ! Ça risque d'être plus long que prévu !

(Le rideau s'ouvre sur un intérieur cossu. Table, chaises, deux fauteuils. Au mur, quantité de photos encadrées d'un danseur de ballet et du même, en danseur mondain. Dans un coin un buste d'éphèbe. Près de la porte à droite une haute plante d'intérieur dans un bac.

Entrée de Fred (élégant et maniéré à l'excès), précédant Clémentine (blouson en jean, minijupe et bustier qui lui découvre le ventre.)

FRED : Voilà, c'est ici.

CLEMENTINE : Ah ben, c'est pas mal chez vous ! Cool Raoul, comme qui dirait ! Une propriété comme ça à Neuilly, ça doit salement taxer ! Nous, on vit dans une vieille caravane. Mais, c'est parce qu'on veut bien, attention ! Ma mère elle dit comme ça qu'en caravane c'est mieux qu'en appartement, où c'est qu'on entend les voisins se moucher ou tirer un coup... un coup de pied au chien, ou au chat !

FRED : *(empressé, prenant son blouson au col et à l'épaule)* Je vous débarrasse ?

CLEMENTINE : *(se dégageant)* Oui ben calmos, ça urge pas à ce point-là...

FRED : *(effarouché)* Je... Pardon, installez-vous. Je... j'avais préparé un rafraîchissement. *(Il sort, gêné.)*

(Dès qu'il est sorti, elle fonce vers la porte, l'entrebâille.)

CLEMENTINE : *(d'une voix étouffée)* Maman, t'es là ? Maman ?

(Retour de Fred, elle sursaute, et s'éloigne de la porte en s'efforçant de paraître naturelle.)

FRED : *(ridiculement maniéré)* Vous prendrez de la glace avec votre Maracuja ?

CLEMENTINE : *(encore troublée)* Ben... avec de la glace, ça doit se fumer moins bien, non ?

FRED : C'est un cocktail...

CLEMENTINE : Oui bon, ben oui, de la glace, évidemment de la glace, quelle question ! Je prends toujours de la glace avec mes cocktails, ça coule de soi !

(Il sort, ondulant. Elle retourne à la porte.)

Maman, Maman, t'es là ?... Mais qu'est-ce qu'elle fout encore !

(Elle laisse la porte entrouverte, va vers le fauteuil, prend des poses, ôte son blouson, pose encore. Au retour de Fred portant plateau et verres, elle a trouvé l'attitude exagérément alanguie qu'elle cherchait.)

FRED : Je... Bon, bien voilà.

(Il dépose le plateau, lui tend un verre, prend le sien, et s'assoit à l'écart, sur l'autre fauteuil.)

7

FRED : *(visiblement mal à l'aise)* C'est... c'est un cocktail sans alcool, j'ai pensé que... pour une jeune fille, c'était... c'était mieux... n'est-ce pas ?

CLEMENTINE : Oh ben oui, hein, l'alcool ça brouille le teint, et puis ça chauffe le sang, n'est-ce pas ? *(Elle exagère encore sa pose aguichante.)*

FRED : Et, vous vous... vous vous appelez comment ?

CLEMENTINE : Clémentine.

FRED : Vous êtes d'ici ?

CLEMENTINE : Non, d'Orange. Mais après on est venu ici.

FRED : Ah ?... Clémentine, c'est... c'est gentil comme nom.

CLEMENTINE : N'est-ce pas ? *(Elle se lève et avec un déhanchement provocant marche jusqu'aux photos.)* C'est vous là, sur les photos ?

FRED : Ah non, pensez-vous, c'est... c'est Monsieur Félix !

CLEMENTINE : *(le singeant)* Ah, c'est Monsieur Félix ?... Ben, dommage, moi je trouve ça beau, un danseur. Dis donc, là, le Félix, c'est pas avec la princesse Mélanie de Stéfano qu'il est en train de danser la marche ?

FRED : En effet. *(Pouffant)* Mais c'est une valse... Il a d'abord été premier danseur à l'opéra, puis ensuite Maître à danser dans la très haute société.

CLEMENTINE : Ben mon cochon, doit être plein aux as le Félix ! Il n'est pas ici ?

FRED : Non.

CLEMENTINE : Tant pis... *(Ayant fait un détour vers la porte pour s'assurer qu'elle est entrouverte, elle revient s'asseoir, rapprochant son fauteuil de celui de Fred, très aguicheuse.)* Et vous, c'est quoi votre petit nom ?

FRED : *(comme effrayé)* Fred.

CLEMENTINE : *(câline)* Frédéric ?

FRED : Alfred.

CLEMENTINE : *(se rapprochant de plus en plus)* Ah, c'est joli aussi. Et il fait quoi Alfred, dans la vie ?

FRED : *(effrayé)* Je... je suis le secrétaire particulier de Monsieur Félix. Vous... vous ne finissez pas votre verre ?

CLEMENTINE : *(tout contre lui)* Si. *(Elle tend le bras, siffle son verre d'un trait, revient à Fred.)* Et c'est bien payé, ça, secrétaire particulier ?

FRED : *(à la torture)* Oui, ça va. Vous... Je vous en sers un autre ? *(Il veut s'esquiver.)*

CLEMENTINE : *(venant s'asseoir sur ses genoux)* Reste-là ! C'est moi qu'il faut serrer. Ça se serre une Clémentine, ça se presse - Maman ! -, ça se comprime - Maman ! -, puis ça s'épluche lentement, ça se goûte, ça se lape, ça se déguste - Maman ! Mais qu'est-ce qu'elle fout ? -, ça se... Mais t'es en sueur, t'as trop chaud Fredo, faut ouvrir ta chemise...

FRED : *(se dégageant et se levant)* Je... j'ai oublié quelque chose dans la cuisine ! Restez-là, je... *(Il se lève précipitamment. En aparté.)* Elle est folle, cette fille ! *(Il sort.)*

CLEMENTINE : *(trépignant de colère, puis se levant à son tour)* Qu'est-ce qu'il fabrique ? Il s'est barricadé dans la huche à pain ou quoi ? Clémentine, ma fille, ton honneur est enjeu ! *(Elle sort, côté cuisine.)*

(Donatienne bondit sauvagement dans la pièce, ébouriffée, de la paille dans les cheveux, brandissant son appareil photo.)

DONATIENNE : Aah ! J'arrive ma chérie, c'est Maman ! Alors, saleté de racaille, surpris, hein ? Avec une mineure, ça va taxer ça, mon saligaud, ça va salement taxer ! *(Eberluée, elle réalise alors que la pièce est vide.)* Ben, où c'est-y qu'y sont-y ?

Voix off de CLEMENTINE : *(en provenance de la cuisine)* Non, non, pas ça ! J'vous interdis ! Non ! Tout, mais pas ça ! Non ! Vous ne pouvez pas faire ça ! Je vous en prie, je vous en prie, non, non...

DONATIENNE : *(réglant fébrilement son appareil photo)* Le salopard, il est fait ! Attends que j'te règle cette saloperie de machin, et tu vas voir !

Voix off de CLEMENTINE : Non, par pitié, Monsieur Fred, non...

DONATIENNE : *(poussant brutalement la porte du pied et flashant)* Alors, racaille, avec une mineure ! T'es fait comme un rat ! Va s'agir de raquer ! Parce que, j'te l'dis, moi, pour être mouillé, eh ben là, t'es... *(Elle prend alors le contenu d'un seau d'eau en pleine face*)* ... salement mouillé !

> *(* Il pourra s'agir d'un fond de seau d'eau, d'un jet de siphon, ou simplement d'un verre d'eau, selon la tolérance aquatique de l'actrice, étant entendu que trop peu d'eau réduira évidemment l'effet comique.)*

CLEMENTINE : *(jaillissant de la cuisine)* Ah, Maman ! Tu tombes bien !

DONATIENNE : *(trempée, piteuse)* Tu trouves ?

CLEMENTINE : Not' truc, c'est tombé à l'eau !

DONATIENNE : *(revêche)* C'est ce que j'ai cru comprendre...

CLEMENTINE : *(montrant Fred qui apparaît, seau (ou siphon, ou verre) à la main)* Ce malade voulait m'asperger, tu t'rends compte ?

DONATIENNE : Vaguement.

FRED : *(d'une voix aiguë)* C'est le seul moyen que j'avais trouvé pour éteindre ses ardeurs, à cette pétroleuse ! Désolé... A part ça, on peut savoir ce que vous faites ici, vous ?

DONATIENNE : Je dégouline. Ça se voit, non ?

FRED : Et l'appareil photo, le flash, ça rime à quoi ?

DONATIENNE : Tourisme, je travaille pour Cousteau.

FRED : *(en colère)* En eau trouble ! Quelque chose comme l'arnaque au chantage, c'est ça ? Vous me prenez pour qui ?

DONATIENNE : *(récupérant)* Mais pour c'que t'es, bougre de saligaud ! Un satyre qu'attire des jeunes filles mineures dans son repaire, pour assouvir ses instincts bestiaux !

10

FRED : En fait de bestiaux, vous m'avez l'air d'en faire une belle paire toutes les deux ! Et pas vraiment francs du collier !

DONATIENNE : Ho, hé, faudrait voir à pas trop faire de l'esprit de sel avec moi, hein ! Pa'c que n'empêche que ma fille, elle était seule ici avec toi, dans ce trou à rats où c'que c'est que tu l'avais amenée ! Une mineure pure jus ! Une vraie jeune fille !

CLEMENTINE : Maman...

DONATIENNE : Enfin, une jeune fille... Et le seau d'eau*, c'était pour quoi ? Pour que quand elle aurait été trempée, tu lui aurais proposé de faire sécher sa jupe et son tricot, hein ?

FRED : En tout cas, c'était pas pour les faire rétrécir. Pourraient pas plus.

CLEMENTINE : Maman, il...

DONATIENNE : Ah, provoque pas, p'tit gars, provoque pas ! Tu pourrais bien essuyer un gros orage !

FRED : Oui, bien en attendant, je ferais mieux d'essuyer par terre, avant que ça fasse gonfler le parquet. *(Il sort.)*

DONATIENNE : Et alors ? Ça f'ra jamais que d'noyer la vermine ! Non mais des fois !

CLEMENTINE : Maman, arrête, j'te dis, ça a pas marché, il a rien voulu savoir. Il m'a même pas fait du plat, rien !

DONATIENNE : Quoi ? Alors non seulement il amène ma fille chez lui, mais en plus il la drague pas ?! Il en serait pas un peu, des fois ?

CLEMENTINE : De quoi ?... Tu trouves pas que ça sent bizarre ?

(Retour de Fred armé d'un balai et d'une serpillière. Il entreprend d'éponger le sol.)

FRED : *(balayant dans les pieds de Donatienne)* Pardon. *(Reniflant)* Ça sent drôle, non ?

DONATIENNE : *(s'écartant)* Dis voir un peu le spongieux, elle te plaît pas ma fille, que tu lui fais le coup du mépris comme si que c'était un vulgaire boudin ? Hein, elle te plaît pas ?

FRED : Non.

DONATIENNE : Il a dit quoi, là, il a dit quoi ?

FRED : *(s'arrêtant un instant)* J'ai dit non. Non, elle ne me plaît pas. C'est tout. Et j'ajouterai que vous non plus vous ne me plaisez pas, encore moins qu'elle, vu qu'elle au moins, elle n'a pas de moustache et qu'elle n'a pas l'air d'un cheval de labour prêt à faire péter ses harnais.

DONATIENNE : Quoi ?! Quécécé qu'il dit, là ? Ah mais...

FRED : *(hurlant)* Ah mais rien du tout ! Estimez-vous heureuse que j'n'appelle pas la police ! Ce que j'aurais déjà fait, si ce n'était que Monsieur Félix m'a chargé de... Et puis allez vous changer, vous dégoulinez pire qu'une baleine dans un sauna ! Sans compter que... *(Il se pince le nez.)*

DONATIENNE : Ça y est ! J'en étais sûre ! Il nous veut ! Mais on me le fait pas, à moi, le coup du déshabillage à la sournoise !

FRED : Ah ça, sûr qu'on n'a pas dû vous le faire souvent ! Y'a des bâches qu'on hésite à soulever !

DONATIENNE : *(menaçante)* Et des baffes, y'a longtemps qu'on t'en a soulevé, des baffes ?

CLEMENTINE : Maman, arrête, au fond c'est normal qu'il soit pas content... Mais ça sent quoi ici ?

FRED : Plutôt que c'est normal, oui ! Si j'ai amené votre fille ici, c'est que précisément elle a grandement insisté pour venir chez moi. Moi, je voulais juste lui poser quelques questions... Oh, et puis quelle odeur !

DONATIENNE : Des questions ? Des questions sur quoi t'est-ce, je vous prie ? Je suis sa mère et j'ai le droit...

FRED : Sa mère, parlons-en ! Mère-maquerelle, oui !

DONATIENNE : C'est pas des fois que vous voudriez sous-entendre que je vendrais ma fille ? C'est pas ça par hasard ?!

FRED : A un poil près, si.

DONATIENNE : Alors là, p'tit gars, tu m'connais mal ! Rien que pour avoir pensé ça, j'devrais te casser les reins ! Moi, tu peux m'croire, un homme, il touche à ma fille, j'le renvoie à sa femme dans un état que pour un moment il pourra lui chanter "J'ai deux gros bleus dans mon étable !"

FRED : Et l'appareil photo, le guet-apens, là, ça vous paraît très moral ? *(Il fronce du nez.)*

CLEMENTINE : Bon, dis, l'Alfred, t'es gentil, tu nous lâches avec ta morale ! Parce que, faire l'honnête quand c'est qu'on manque de rien, qu'on crèche dans une taule de bourge, c'est facile ! T'as qu'à aller pointer au chômage pendant une coupe d'années, et vivre dans une caravane pourrie, dans un coin de banlieue pourri, on verra après si t'as toujours tes grands airs et tes principes ! Nous, on se débrouille avec c'qu'on a, et la seule chose qu'on a, justement, c'est moi ! Parce que je vois pas ma mère en train d'émoustiller le bourgeois !

FRED : Ça, j'admets.

DONATIENNE : Oui, oh, encore que faut pas t'y fier ! Un coup de brosse, un rien de bleu aux yeux...

FRED : Et trois tonnes de déodorant, parce que...

CLEMENTINE : C'est vrai que... J'voulais pas te l'dire, M'man, mais...

DONATIENNE : C'est à cause des cochons.

CLEMENTINE : Quels cochons ?

DONATIENNE : Ben, ceux du camion.

FRED : Quel camion ?

DONATIENNE : Ben, çui qui m'a pris en stop après que j'soye tombée en panne d'essence. Un gars qu'allait à Rungis.

13

CLEMENTINE : Et il t'a fait monter avec les cochons ?!

DONATIENNE : Ouais, rapport que devant il avait son chien avec lui, et je supporte pas les chiens.

FRED : Tandis que les cochons, oui. Et eux ?

DONATIENNE : Quoi eux ?

FRED : Les cochons, ils ont supporté ?

DONATIENNE : Bon, alors écoute, p'tit gars, jusqu'ici j'ai été bonne princesse avec toi, rapport à la situation, mais c'est pas une raison parce que tu peux pas me sentir, pour...

FRED : Si, je peux, je peux même tellement que vraiment j'aimerais que vous alliez vous changer. Sans compter que mouillée comme ça vous risquez d'attraper froid. Moi, ce que j'en dis...

DONATIENNE : C'est bien parce que j'veux pas risquer la double poumonie... Alors, c'est où qu'on peut se changer, et avec quoi ?

FRED : *(montrant la porte à droite)* Par-là, au bout du couloir, vous trouverez la chambre d'amis. Il y a une penderie avec tout un tas de nippes qu'on a utilisées dans des productions de Monsieur Félix.

DONATIENNE : Bon, ben on y va. Tu viens Clem' ?

CLEMENTINE : Ben moi, je reste comme ça, j'suis pas mouillée, et en plus je sens pas le...

DONATIENNE : Tu viens avec moi ! Pas question que j'me risque toute seule dans ce repaire de satyre !

(Elles sortent. Sonnerie de l'entrée. Fred sort par la porte du fond. A peine est-il sorti que la mère et la fille réapparaissent.)

CLEMENTINE : Attends, il est là, sur le fauteuil.

(Clémentine va récupérer son blouson. A ce moment entrent Fred et Félix. Clémentine reflue vers la porte, Donatienne se cache derrière la plante qui la jouxte.)

FELIX : *(comme impatient)* Alors, tu l'as vue ?

FRED : *(tendre)* Tu pourrais déjà me dire bonjour, non ?

FELIX : Pardon, tu as raison. Bonjour mon Fred. *(Il lui tapote la joue.)*

DONATIENNE : *(bas)* Mais c'est vrai qu'ils en sont ! Ça m'étonne plus qu'il t'a snobée ! Et même moi !

FELIX : Alors ?

FRED : Ben, comme prévu, je l'ai abordée, à proximité de leur caravane qui stationne sur un terrain vague, près d'une cité. Un coin où j'étais pas trop rassuré, de nuit. C'est qu'on risque des coups dans ce genre d'endroit ! Et même pire ! Mais ça, j'ai pas eu, tant pis...

FELIX : Oui, bon, alors, tu lui as parlé. Et elle, elle t'a parlé de sa mère ? Est-ce qu'elle a dit quelque chose ? Et d'abord, comment est-elle ? Jolie ? La fille, je veux dire. Parce que Donatienne, elle, bien sûr, on ne peut pas encore savoir, mais d'avance, je suis sûr qu'elle est encore ravissante...

DONATIENNE : *(en aparté)* Ah ben ça ! Lui ! Ça peut être que lui !

FELIX : Ah, Donatienne...

CLEMENTINE : *(bas à sa mère)* Tu le connais ?

DONATIENNE : *(bas à sa fille)* Non, enfin si, tu peux pas comprendre... Ah ben merde !

FELIX : Elle fut autrefois le plus joli petit rat que j'aie jamais vu à l'Opéra...

CLEMENTINE : *(bas)* Toi, danseuse à l'Opéra ? Il a fumé, le mec !

DONATIENNE : *(bas)* T'occupe !

FRED : Un petit rat, oui, euh... Le mieux, c'est d'attendre, elles seront là dans une seconde.

FELIX : Comment ça ?

FRED : Elles sont ici.

FELIX : Ici, dans la maison ? Non ?

FRED : Si, dans la maison. Mais, j'ai peur que...

FELIX : Elle ! Elle ! Donatienne ! Dans la maison ! C'est fou ! C'est pas vrai ! Je n'ose y croire ! Ce bijou de grâce, d'innocence...

FRED : *(comme jaloux)* Oui, bon... Surtout qu'en plus faut rien exagérer...

CLEMENTINE : *(bas)* Là, c'est sûr, il a fumé !

DONATIENNE : *(bas)* J'vais t'fumer une paire de claques, tu vas voir !...

FELIX : Elle est ici ! Merci Fred, merci !…

FRED : C'est à dire, que le bijou de grâce, euh... franchement, c'est de la bijouterie rustique !

FELIX : Je me sens mieux, mon Fred, j'ai vu le notaire et signé le codicille, oui vraiment je me sens mieux. Elle héritera de la maison...

DONATIENNE : *(bas, suffoquant)* Hériter ? C'est d'moi qu'il parle ?

CLEMENTINE : *(bas)* Ben dis donc j'espère, t'as vu la turne ?

DONATIENNE : *(bas)* J'vois p'us qu'ça !

FELIX : *(se parlant à lui-même)* De quoi réparer un peu du mal que je lui ai fait. Au moins saurai-je, à l'instant de quitter ce monde, qu'elle et sa fille auront un toit...

FRED : Arrête de dire ça ! Tu n'es pas encore mort, Dieu merci ! Je n'aime pas quand tu dis ces choses-là.

FELIX : *(perdu dans ses pensées)* Elle était si belle, si jolie, et je l'ai si mal aimée, Fred, si mal aimée.

FRED : C'est déjà pas mal de l'avoir aimée ! Héroïque, même...

16

DONATIENNE : *(bas)* Tu sais que çui-là, il va pas traîner longtemps dans ma maison quand c'est que l'autre il aura cassé sa pipe !

FELIX : Elle a dû tant pleurer, tellement me maudire. Et vivre si pauvrement. *(Donatienne, dans son coin opine de la tête.)* Et pourtant je suis sûr qu'elle a élevé son enfant au mieux, en se privant, pour faire d'elle une vraie petite demoiselle...

CLEMENTINE : *(bas)* C'est moi la p'tite demoiselle ? Dis donc, il serait quand même pas... mon père ?

DONATIENNE : *(bas)* Mais non, j't'ai déjà expliqué que ton père a fini en prison !

CLEMENTINE : *(bas)* Ben j'aime encore mieux ça !

FELIX : Enfin, enfin je vais pouvoir lui rendre rien qu'un peu du bonheur qu'elle attendait de moi, pauvre ange. Quand seront-elles là ?... Ça sent curieux, ici, non ?

(Les deux hommes se sont avancés. Donatienne se glisse jusqu'à la porte, et sa fille et elles n'ont que le temps de disparaître avant d'être surprises.)

FRED : Elles seront là dans une minute. Le temps que la mère se change, elle avait mouillé sa robe, par inadvertance.

FELIX : Ah mon Fred, je suis si heureux !... Au fond, cette crise de paralysie qui a failli m'emporter aura été salutaire. *(Fred, attendri et attristé va sangloter silencieusement de plus en plus intensément au fil du monologue.)* Pendant ces heures où j'ai cru mourir, et toutes ces semaines passées dans mon fauteuil roulant, j'ai eu le temps de faire mille fois le bilan de ma vie. Une vie de succès, de danse, de grands bals chics et de soirées mondaines, une vie à côtoyer les puissants de ce monde, une vie de luxe, de facilité, et d'une certaine gloire, à quoi bon le nier ? Et pourtant, tandis que j'étais là, inerte, ça n'était pas les ors de l'Opéra, ni les lambris des palais, qui me revenaient en tête. Non, c'était la frimousse d'un petit rat, le seul parmi tant et tant d'autres, au cours de toutes ces années, pour lequel me soit venue une affection qu'il me fallut bien considérer comme de l'amour. Oui, mon Fred, pardon, mais j'ai aimé follement ce petit bout de danseuse. Et nous avons été heureux, pendant tout un été, dans un Paris embau-

17

mé des senteurs du lilas. Ah Fred, l'étrange souvenir de ce lumineux mois d'août ! Et puis voilà, Donatienne m'annonçant qu'elle est enceinte. Le drame ! Elle savait qu'elle serait jetée dehors de l'opéra. Elle s'est tournée vers moi, espérant un miracle, que j'allais pouvoir tout arranger. Peut-être aurais-je pu, je ne sais trop. Mais il aurait fallu pour cela que je me dévoile, que j'avoue l'avoir engrossée. Je venais d'être proposé comme premier danseur, ça avait toujours été mon rêve, j'ai craint de tout perdre. J'ai été lâche. Je l'ai laissé chasser. Elle aurait pu me dénoncer, elle ne l'a pas fait. Elle est partie. Et j'ai honte à le dire, j'en ai été soulagé. Je me suis contraint à oublier. Au début, ça n'a pas été simple. Et puis, le tourbillon du succès aidant, j'ai cessé de penser à elle. Jusqu'à la sortir complètement de mon esprit. En tout cas l'ai-je cru. Mais quand la mort est venue me tirer l'oreille, eh bien, c'est pourtant à elle que j'ai pensé... Au fait, il faudra régler le détective qui a réussi à me les retrouver, elle et sa fille !

FRED : *(se reprenant)* Ce sera fait. Je lui enverrai son chèque demain matin.

FELIX : *(fouillant dans un tiroir)* Fred, comment ai-je pu être aussi lâche ?

FRED : *(agacé)* Bah, une faute de jeunesse. C'est arrivé à bien d'autres. Ça ne sert plus à rien d'y penser. D'autant plus qu'elles sont là, maintenant.

FELIX : *(sortant de vieilles photos d'une botte)* N'est-ce pas qu'elle était jolie ! Ça, c'était à une répétition de Parcifal... Là, au Jardin des Plantes, elle en raffolait... Ici, là, enfouie dans sa barbe-à-papa, c'est elle ! En fait, la barbe-à-papa, c'était juste pour la photo, après elle l'a donnée à un gamin, parce que côté régime, elle ne se passait rien...

FRED : *(agacé)* Oui, bon... *(En aparté.)* Visiblement, depuis, elle l'a relâché, le régime !

FELIX : Et là, sur le Pont-Neuf ! Et celle-là, est-ce qu'elle n'était pas adorable ? Et là, tiens regarde...

(Fred se prête au jeu de mauvaise grâce. Faire durer le temps qu'en coulisse, la mère et la fille changent de costume.)

Elle a vraiment beaucoup changé ?

FRED : Ben, oui, pas mal quand même...

FELIX : Moi aussi d'ailleurs, j'ai beaucoup changé. Elle se souvient d'un jeune danseur bondissant, elle va revoir un vieux monsieur qui était encore à demi-paralysé il n'y a pas si longtemps ! La vie est une sale farce, Fred, une sale farce…

FRED : Oui, ça… Et c'est pas fini !

FELIX : Quand même, je suis sûr qu'il lui reste quelque chose de sa grâce d'autrefois. La démarche, je ne sais pas, ou le port de tête, oui le port de tête !

FRED : Ben, c'est difficile à dire, je ne l'ai pas connue autrefois. La démarche, bof… *(En aparté.)* Quant au port de tête... tête de porc serait plus juste !

(On frappe à la porte de droite. Félix est au comble de l'émotion.)

Ce sont elles. Alors ? Je les fais entrer ? *(Félix fait oui de la tête.)* Calme, hein mon Félichou, promis ? Détendu ? Mais dame, prêt à tout, hein ? *(Félix opine fébrilement.)* Même si tes souvenirs risquent d'en prendre un coup ? *(Opinements)* Même si le petit rat a un peu muté, façon accident nucléaire ? *(Opinements)* Oui ? Bon, alors, attention, on ne bouge plus, le gros gros oiseau va sortir... *(Il va pour dire : entrez.)*

FELIX : *(n'y tenant plus)* Entrez, entrez !

(Entrée de Donatienne en tutu de danseuse (long ou court), avec collants et chaussons de danse, suivie - à contre cœur - d'une Clémentine en petite fille modèle, robe blanche à liserés bleus et col marin, gênée d'être ainsi déguisée.)

DONATIENNE : *(esquissant quelques petits pas rapides, et s'arrêtant pieds à l'équerre et jambes arquées, un bras arrondi en l'air)* Félix, enfin, mon Félix, après tout ce temps ! Enfin, enfin ! J'en ai le mollet tout flageolé !

FELIX : *(interloqué)* Vous... vous êtes Donatienne ?

DONATIENNE : Si je l'suis ? T'entends ça, Clem' : si je l'suis ? Ben, un peu mon n'veu que c'est moi, je veux ! Ça t'la coupe, hein Féfé, toutes ces années qu'ont passé et pour ainsi dire pas une ride de plus ! Toi par contre, j'te trouve un rien pâlouchine ! Faut dire qu'avec la vie de pata-

19

chon que t'as menée, ça a pas dû t'arranger ! Tandis que moi, le travail, les privations, forcément ça conserve... Avoue que t'es un peu surpris quand même, hein ?

CLEMENTINE : *(bougonnant en aparté)* Ça se comprend !

FELIX : Ma foi, je dois dire que oui, ça oui, j'avoue... Je... Vous… Dans mon souvenir, je ne vous voyais pas aussi, comment dire ?... vigoureuse.

DONATIENNE : Moi non plus ! Mais qu'est-c'tu veux, quand c'est que tu passes ta vie à tirer le diable par la queue pour en joindre les deux bouts, ça muscle ! Mais sous le muscle, le cœur est resté le même, comme une violette palpitante sous la mousse carbonique. Mais dis donc Féfé, faut me tutoyer, comme dans le temps qu'on était copains ! Et quand je dis copains, hein, tu vois c'que j'veux dire, mais que bon, devant la p'tite, j'aimerais autant pas qu'on soye trop précis sur la nature de nos relations sexuelles ! Faut m'dire tu !

FELIX : Oui, bien sûr... Et, euh, toujours danseuse, à ce que je vois ?

FRED : *(en aparté)* A l'opéra de Béziers ! Comme demi de mêlée !

DONATIENNE : Non, penses-tu ! Enfin, si, à peine des fois quand c'est qu'on me réclame, dans les supermarchés, pour des animations, mais là, non le tutu, j'l'ai trouvé par-là, rapport à c'que l'autre, là, ta copine, euh, ton larbin, il m'a ravagé ma tenue de sortie ! Ceci dit, j'ai pas perdu la jambe ! Tu veux voir ? Si c'est que t'as de la musique, j'm'en vas te faire un bout d'essai ! *(Elle va jusqu'à la chaîne HI-FI, prend un C.D.)* Le Lac des Cygnes, impeccable !

CLEMENTINE : *(bas)* Maman, t'es malade, tu vas pas... ?

DONATIENNE : *(bas)* Tu la veux la baraque ou pas ? Vu qu'il en est, on peut pas l'avoir à la séduction ! Alors, s'agit de se l'faire à l'estomac !

(Elle se lance dans une exhibition pachydermique, bousculant chaises et bibelots qu'ils sauvent tant bien que mal de la casse.)

(en dansant) Glissade dessus, et un, et deux, et trois... glissade dessous, et un, et deux, et trois... tour piqué, et un, et deux… assemblé soutenu, et trois, et quatre... arabesque... et hop !... hop !... marche, marche, marche... déboulé, déboulé, déboulé... grande fente, hop !... et grande fente

encore, hop !... révérence... *(Essoufflée)* Et voilà, j'm'arrête, c'est pas à cause des jambes, c'est l'souffle, because cette saloperie d'emphysème qui me fout comme du calcaire dans la tuyauterie. Mais bon, c'était juste pour te rappeler des souvenirs. Hein, tu te rappelles ?...

FRED : *(en aparté)* Félix, t'as vraiment aimé cette pelleteuse ?

FELIX : *(atterré)* Je... oui, je me rappelle... Euh, et cette demoiselle ?

DONATIENNE : Ah ben ça, j't'ai même pas présenté ma Clémentine ! L'émotion de t'revoir, c'est ça ! Clem', dis bonjour à Félix... Hein qu'elle est belle, et attention, une vraie jeune fille, bien élevée et tout ! Allez, fais ta révérence, toi !

CLEMENTINE : *(gênée)* Maman, j't'en prie...

DONATIENNE : Ah, ma Clémentine, la chère chair de ma chair, ma raison de vivre, la consolation de mes heures de souffrance, ma lueur d'espoir dans le long tunnel ténébreux de mon désespoir, la petite fleur bleue de mes nuits blanches, la veilleuse tremblotante du fournil de quand j'étais dans le pétrin, la...

CLEMENTINE : *(gênée)* Maman...

DONATIENNE : Et ben, c'est la vérité pure ! Faut que ça se sache ! Et puis, ah, alors, Clémentine, l'enfant de l'amour, procréée par deux êtres qui s'aimaient, et enfantée par une mère seule... *(Au fur et à mesure, elle va se mettre à sangloter de plus en plus bruyamment.)* ... abandonnée, délaissée, rejetée, repoussée, trahie, bafouée, lâchée, répudiée, plantée là, comme la dernière des dernières, âme en peine, livrée à la jungle, à la vie impitoyable, à la solitude et au besoin...

CLEMENTINE : Maman, arrête...

FELIX : *(remué)* Allons, allons, calmons-nous, asseyons-nous là, sur le fauteuil, voilà, allons, allons, c'est fini, ce temps-là est fini...

DONATIENNE : *(secouée de sanglots)* Comment cet homme a-t-il pu me faire cela, lui qui m'avait juré qu'il m'aimait, à moi qui m'étais donnée à lui avec une confiance aveugle dans un hôtel borgne ? Ah, j'étais pas regardante !

CLEMENTINE : *(en semi-aparté)* Dis, t'arrêtes ton cirque un peu...

FELIX : Fred, Fred, un cordial, quelque chose qui la remonte un peu, vite.

FRED : *(en semi-aparté)* Remonter ça ? C'est un treuil qu'il faut, pas un cordial ! *(Il sort.)*

DONATIENNE : Pourquoi ? Pourquoi ?

FELIX : Je ne sais, c'est si loin... Je me souviens d'une jeune fille belle comme une aurore printanière…

DONATIENNE : *(reniflant)* C'était moi...

FELIX : *(comme se parlant à lui-même)* Je la revois, marchant vers moi, dans la rue, pour notre premier rendez-vous, légère, gracieuse...

DONATIENNE : *(sur le même ton rêveur)* C'est tout moi...

FELIX : Dans le froufrou de sa jolie robe...

DONATIENNE : Rouge...

FELIX : Non, verte...

DONATIENNE : Oui, verte avec des reflets rouges...

FELIX : Imprimée de papy...

DONATIENNE : De papillons, oui...

FELIX : De papyrus...

DONATIENNE : Mais avec un papillon aussi.

FELIX : Et de fleurs de lo...

DONATIENNE : De l'aubépine, de l'aubergine !

FELIX : De lotus. Elle tenait à la main son é...

DONATIENNE : C'est vrai j'me tenais le nez.

22

FELIX : Son éventail... Et elle souriait, elle souriait, elle souriait...

DONATIENNE : C'que j'ai pu sourire, dans c'temps-là !

FELIX : Elle m'a dit : T'as d'beaux...

DONATIENNE : T'as d'beaux restes...

FELIX : "T'as d'beaux yeux, tu sais." Et elle a ri de son espièglerie.

(Retour de Fred verre et bouteille à la main.)

DONATIENNE : *(sanglotant à nouveau)* Evidemment, je pouvais encore rire, à c't'époque ! La vie m'avait pas encore meurtrie, j'avais rien perdu, ni mes illusions, ni ma virginité, et je savais pas qu'une fois que j'aurais été séduite par lui (et re-séduite et rere-séduite parce que s'agissait pas que d'y'en promettre à çui-là !), eh ben qu'après, cet homme allait me laisser choir dans le caniveau de la vie, comme un mouchoir de dentelle dans le crachoir d'un tuberculeux.

(Fred remplit le verre et lui tend.)

FELIX : Donatienne, je dois dire que le temps me joue un vilain tour, et qu'en vous je ne retrouve pas grand chose...

DONATIENNE : *(buvant)* Ah ben, ça fait plaisir !... Dis donc, c'est requinquant ta mixture ! Donne voir un peu, j'me sens encore un peu pâlotte... *(Elle boit à la bouteille.)*

FELIX : Je veux dire, pas grand chose de mes souvenirs... Mais, qu'importe, j'ai envers vous et envers cette enfant une dette, dont je veux m'acquitter. Ma santé est plus que capricieuse...

DONATIENNE : *(un peu ivre)* Penses-tu, on t'enterrera tous ! Non, enfin je veux dire, euh, le contraire. *(Elle a un hoquet.)* Ah ben, voilà, le refroidissement ! T'as gagné, toi, l'loufiat, à m'asperger comme un malade !

FELIX : A ma mort, cette maison vous reviendra. Ce sera ma façon de veiller sur vous, du delà de... l'au-delà.

DONATIENNE : Y'a combien de pièces ? Et le toit, il est en bon état ? Parce que les maisons, c'est fou ce que ça peut demander d'entretien ! Moi, je vois, rien qu'avec ma caravane, eh ben...

(Sonnerie de l'entrée.)

FRED : J'y vais. *(Il sort.)*

FELIX : Clémentine, dites-moi, nous avons peu bavardé, vous et moi, alors parlez-moi un peu de vous, de vos rêves, de ce que vous attendez de la vie...

CLEMENTINE : Oh moi, la vie, j'en attends pas grand chose. Si ! De pouvoir élever mon enf...

DONATIENNE : *(l'interrompant)* Son niveau de vie ! Elle voudrait élever son niveau de vie ! Une maison bien à elle, tout ça, avec des photos aux murs, des fauteuils... C'est du vrai, là, les fauteuils, ou de la copie ?

(Fred réapparaît à la porte.)

FRED : Justement, à propos de Clémentine, vous savez, la vraie jeune fille, la mineure, la toute pure qu'à peine on lui demande l'heure, déjà on voit dérouler la mère avec son objectif grand-angle ! Oui, eh bien, si vous l'avez habillée en marin pour l'engager sur la Jeanne d'Arc, c'est raté, vu d'abord qu'on l'a réformée, la Jeanne, mais vu surtout que la Pucelle d'Orléans, ben forcément elle l'était encore, et que si à Rouen on lui a mis le feu partout, en tout cas, elle, elle l'avait pas là au...

FELIX : *(l'interrompant)* Doucement Fred ! Et si tu... Et si vous nous expliquiez !

DONATIENNE : Oui, parce que là, j'appelle ça un propos fumeux.

FRED : Nous avons de la visite. Une voisine de ces dames, qui arrondit ses fins de journée en... délassant un peu des hommes de rencontre !

DONATIENNE et **CLEMENTINE** : Mado !

(Mado apparaît derrière Fred, outrageusement attifée et fardée, la tête basse, l'air piteux.)

FRED : C'est ça. L'ennui, c'est que ce soir, elle a levé un faux client, en réalité un inspecteur de la Mondaine. Mais le plus beau, c'est que quand les policiers sont rentrés chez elle, ils ont trouvé là, un...

DONATIENNE et **CLEMENTINE** : Bébé !

FRED : En effet, un bébé, qui se gardait tout seul ! Interrogée, elle a déclaré qu'on lui avait confié l'enfant pour la nuit. Et il est à qui ce bébé ?

DONATIENNE et **CLEMENTINE** : A moi !

DONATIENNE : Enfin, à nous. Justement, je m'apprêtais à vous le dire, c'est marrant, hein ? Comme qui dirait que je suis grand-mère, une toute jeune grand-mère, je vous l'accorde, mais...

CLEMENTINE : C'est mon enfant, mon petit garçon, il s'appelle Théo.

FRED : Alors c'est ça votre rosière, votre prix de vertu !

DONATIENNE : Ben quoi ? Un moment de distraction, ça peut arriver !

MADO : Les filles, j'suis désolée...

CLEMENTINE : *(soudain affolée)* Mais le bébé ? Qu'est-ce qu'ils en ont fait du bébé ? Où est-il ?

MADO : Justement, c'est pour ça que j'suis venue. J'ai eu l'adresse d'ici par le détective qui m'avait laissé sa carte quand il m'a interrogée, l'autre jour. C'est que ça urge ! Les flics ont confié Théo à la DASS, pour qu'on le place dans un foyer de l'Assistance, sous prétexte ils ont dit, qu'il était délaissé, et que de toute façon une caravane délabrée, c'était pas un logement décent pour un enfant.

CLEMENTINE : Non ! Mon bébé ! Ils vont pas me prendre mon bébé ! Ils ont pas le droit, non ! Maman, il faut faire quelque cho...

DONATIENNE : J'y vais ! J'vas te leur en toucher deux mots, moi, de l'enfant délaissé et de la caravane délabrée ! J'm'en vais t'leur montrer ! Vont voir qu'entre moi en colère et un cyclone tropical, la seule différence c'est qu'avec un cyclone, au moins il y a des survivants !

MADO : J'suis vraiment désolée...

25

DONATIENNE : Ah ben, tu peux ! T'as pas honte ?!

MADO : *(éclatant en sanglots)* Oh, si ! Comme j'ai honte !

DONATIENNE : Franchement, y'a de quoi ! Confondre un flic des mœurs avec un micheton, à ta place j'serais pas fière !

CLEMENTINE : Maman, fiche-lui la paix ! C'qu'est fait est fait ! Maintenant s'agit de s'occuper de Théo ! Et vite !

DONATIENNE : T'as raison ! J'y vas !

FELIX : Je pense qu'il vaut mieux laisser faire Fred. Il saura parler à ces gens. Et puis, mon nom, peut avoir encore quelque influence.

FRED : Sans compter qu'habillée comme ça, ils risquent en plus de la prendre pour une drag-queen !

DONATIENNE : *(à Fred)* Oh vous, la dame de compagnie, ça va bien !

CLEMENTINE : C'est fini, oui ? On y va ou quoi ? Mon môme, pendant ce temps-là il est là-bas, à rien comprendre, et à pleurer !

FELIX : Allez-y, Fred.

FRED : *(à Clémentine)* Bon, ben la rosière, allez vous changer, je sors la voiture, vous me rejoindrez dehors ! Et si vous trouvez dans la penderie, une jupe et un tricot un peu moins courts que ceux que vous portiez ce soir, enfilez-les. Ils attendent une jeune maman, là-bas, pas une jeune bombe sexuelle.

CLEMENTINE : Oh, ça va ! *(Elle sort.)*

FRED : J'y vais. *(Il sort à son tour.)*

MADO : *(pleurant toujours)* Et moi, j'fais quoi ?

DONATIENNE : Rien, surtout ! T'en as assez fait pour ce soir ! T'as plus qu'à retourner chez toi !

MADO : Ben alors, faudra m'appeler un taxi et m'avancer de quoi, parce avec la course pour venir, j'ai plus rien. En plus que chez moi, j'ai guère envie, parce que les flics ils m'ont dit que s'ils m'y reprenaient à… à recevoir, c'était le dépôt ! Et comme j'ai aucune volonté…

FELIX : Elle peut rester là pour cette nuit. Ça ne sont pas les chambres qui manquent.

DONATIENNE : *(montrant la porte de droite)* Les chambres, c'est par-là ! Et tâche voir à te faire toute petite, t'es pas chez toi ici !

MADO : Merci Monsieur, merci bien… Pour le bébé, j'espère qu'ils vont y arriver. *(Elle sort.)*

DONATIENNE : Oui, j'espère que le Fred, il va être assez dégourdi ! Parce que moi, j'te garantis que si tu m'avais laissée y aller !…

FELIX : Ne vous en faites pas, Fred est quelqu'un de très efficace.

DONATIENNE : A ce propos, c'est pas que j'soye du genre à me mêler des affaires des autres, mais le Fred, là, lui et toi, toi et lui… non ?

FELIX : J'ai pour lui une grande inclination, c'est vrai, et sans doute est-ce réciproque.

DONATIENNE : D'accord, mais y'a inclinaison et inclinaison. C'que j'me demande, moi, c'est si vous seriez pas tous les deux, disons, comme cul et chemise, mais sans la chemise, quoi… Remarque, si c'est ça, c'est pas que ça me choque tellement, encore que j'sois pas trop pour polissonner du côté des issues de secours, mais c'est que du coup, je comprends plus trop ton coup de foudre pour un petit rat de l'Opéra !

FELIX : Fred et moi, c'est l'histoire d'une longue et sincère affection. Et c'est vrai que les femmes et moi, non… Alors, le petit rat ? Je n'ai jamais trop bien compris non plus. Et c'est d'ailleurs la seule fois de ma vie. Sans doute est-ce pour cela que le souvenir m'en est inoubliable. Et sans doute aussi - en partie - pour cela que j'ai fui. Que je t'ai fuie. *(Il lui a pris la main.)* Donatienne, comment dire ?… Rien de la femme que tu es devenue ne me rappelle cette enfant gracieuse qui a traversé ma vie. Tant pis. Tant mieux. Mais sache que tu as représenté pour moi, quelque chose comme mon seul bonheur sans ombre… Je me souviens encore de cette tache, sur ton épaule, cette envie en forme de trèfle, je l'appelais mon porte-bonheur ;

et j'aimais tant l'embrasser !...

DONATIENNE : *(mettant la main à son épaule gauche)* Euh, ah oui, la tache ! Ben, elle est toujours là.

FELIX : *(dégageant sa bretelle)* Mais non, elle est là, à droite, et... Mais elle n'y est pas ! La tache n'y est pas ! Mais alors, mais alors, alors, tu... vous... vous n'êtes... vous n'êtes pas Donatienne !

DONATIENNE : Attends de savoir ! C'est qu'un jour, histoire d'assainir l'ambiance, j'ai voulu me passer du déodorant sous les aisselles et sur les épaules, et j'm'ai trompé, j'ai pris une bombe de détachant ! Alors, évidemment, la tache...

FELIX : Vous n'êtes pas Donatienne ! Tout s'explique ! Ah oui, tout s'explique !... Au fond, j'aime mieux ça ! Dieu merci ! Dieu merci, je n'ai pas aimé cet hippopotame !

DONATIENNE : Non mais, ho, dis donc Féfé, j'te permets pas ! C'est pas de ma faute si c'est que j'ai les glandes en surchauffe au point que ça m'enrobe un peu ! Quant à me faire le coup du mépris, ça t'va bien ! J'ai pas des inclinaisons contre nature à tourner autour du pot de mes copines, moi !

FELIX : Silence ! Un peu de pudeur ! L'imposture ! L'affreux mensonge ! Et dire, dire que j'allais léguer ma maison à... ça, à cette chose ! Voleuse !

DONATIENNE : Ho hé, non mais, t'arrêtes un peu ton raffut ! Parce que j'vais finir par me fâcher, moi ! Je t'ai rien demandé, moi. Me traiter d'imposteuse, c'est vite dit ! C'est toi qu'as voulu me la refiler, ta maison ! D'ailleurs, c'est ben simple, j'en veux pas de ta baraque prétentieuse !

FELIX : Ça tombe bien, parce que dès lundi, je me rends chez mon notaire pour annuler le codicille ! Vous pourrez retourner à votre poubelle roulante !

DONATIENNE : Et alors ? Elle est très bien ma caravane ! Suffirait d'un petit coup de peinture pour bien tenir les côtés, et... Ah mais non, dis donc, ça va pas, si c'est que la DASS elle veut nous faire des histoires

28

pour le petit Théo, pas question qu'on retourne à la caravane ! Faut qu'on reste là quelques jours, histoire de les rassurer, qu'ils fassent leur enquête, qu'ils croivent qu'on vit ici, et que l'affaire se tasse !

FELIX : Quelques jours ? Mais pas même une seconde, rien ! Dehors !

DONATIENNE : Allons, M'sieur Félix, z'allez pas nous faire ça, c'est que c'coup-là, ça rigole pas, c'est Bébé qu'est en jeu...

FELIX : Dehors ! J'ai dit dehors ! Dehors ! Dehors !

(Soudain, il chancelle, suffoque, s'écroule, secoué de convulsions.)

DONATIENNE : *(l'installant dans un fauteuil)* Voilà, t'as gagné à t'énerver ! C'est bien fait ! C'était pas bien c'que t'allais faire ! En plus que tu vois bien qu'on peut plus t'laisser tout seul ! Un p'tit coup de sang et tu déjantes ! Pis t'en fais pas pour le notaire, ça sera pas la peine d'y aller, finalement elle est pas si mal ta maison. Un peu prétentieuse, mais bon... Ça va peut-être te faire rire, mais je sens que je vais m'y plaire moi ! Sacré Féfé ! Au fond, j'crois bien qu'on était faits l'un pour l'autre ! Allez Féfé, nous deux maintenant, c'est à la vie, à la mort ! Enfin, moi à la vie, pis toi au reste...

RIDEAU

ACTE II

Félix - en pyjama rayé et charentaises - est installé dans un fauteuil roulant. Assise près de lui, Donatienne - habillée en nurse - est en train de refaire manger à la cuillère.

DONATIENNE : Allez Féfé, une cuillère pour Tata Donatienne. Ah ben non, pas tata, ça va lui mettre la nostalgie. Allez, pour Nounou Donatienne. Ah, écoute, t'es pas raisonnable ! Faut manger, quand même, hein ? Dis-toi que c'est peut-être ton dernier repas. Parce que tu sais, tu me mets dans l'embarras ! Imagine que...

(Entrée de Fred.)

FRED : Comment va-t-il ?

DONATIENNE : Oh ben, ça va. Frais comme un gardon, hein Féfé ? Ah bien sûr, c'est pas encore demain qu'il fera danser le fox-trot à la Princesse Mélanie de Stéfano ! Mais pour une excursion à Lourdes, il est fin prêt, pas vrai Féfé ?

FRED : *(acide)* Vous savez, je ne suis pas vraiment dupe. Vous voulez hériter de la maison, et c'est tout ! Alors, la comédie du dévouement, pas la peine de vous donner tant de mal, je n'y crois pas...

DONATIENNE : Pauv' pomme ! Si c'est que j'étais bassement intéressée, j'le laisserais claquer ton Félix, pour hériter plus vite ! Seulement, on se refait pas ! En dépit des aigreurs, des sarcasmes, des mesquineries, je continuerai à soigner cet homme que j'ai tant aimé !

31

FRED : Mon pauvre Félix... *(Il caresse la joue de Félix et sort.)*

DONATIENNE : Dis donc Féfé, c'est pas la veuve joyeuse, ta copine !... Oui, bon, alors, j'te disais : Tu me mets dans l'embarras. Imagine un peu que tu guérisses. Qu'est-ce qui se passe ? Tu racontes tout, tu nous jettes dehors, et tu vas changer ton testament. Et ça, ça peut plus. Plus maintenant. Tu peux le comprendre, ça, hein ? En réalité Féfé, j'vois pas trente-six solutions. Ton toubib qu'est venu, il l'a bien dit : tu peux rester comme ça jusqu'à perpète, ou bien tu peux aller mieux d'un seul coup, comme ça, sans prévenir. Tu crois que je peux rester dans une incertitude pareille ? Regarde, déjà j'me suis rongé tous les ongles ; maintenant j'me ronge les sangs ; j'peux quand même pas attendre d'en être à me ronger les os ! Non, y'a pas de pétard, faut...

(Entrée de Clémentine.)

CLEMENTINE : Qu'est-ce que c'est que cette tenue ?

DONATIENNE : Ben, j'ai trouvé ça dans la penderie, vu que ma robe, elle est pas encore sèche ! Pis dame, comme tenue, c'est de circonstance !

CLEMENTINE : Alors, comment il va ?

DONATIENNE : Ça va, il est calme. Pas excessivement agité, non, ça va, il est bien.

CLEMENTINE : C'est gentil de le soigner. Remarque, on lui doit bien ça. Sans lui, sans la maison, sûr que jamais je reverrai Théo. Déjà qu'hier soir, la bonne femme de la DASS, elle a refusé de me le laisser voir, même pas une minute ! Tu te rends compte ? J'suis sa mère, quand même ! Pas avant le résultat de l'enquête, qu'elle a dit ! Mais là, maintenant, j'suis tranquille. La gueule qu'ils vont faire quand ils vont voir la maison ! Cent fois plus belle que la leur ! Comment que ça va te les mater !... Je vais demander à Fred qu'il m'emmène à la caravane. Faut récupérer tout c'qu'est paperasse et aussi une ou deux bricoles de Bébé.

DONATIENNE : Ah ben alors, rapporte-moi ma valise qu'est sous mon lit. Y'a dedans quelque chose que je pourrais bien en avoir besoin. Quant à Fred, tâche d'y faire comprendre, que s'il me cherche, il va me trouver !

CLEMENTINE : Tu sais, lui et moi, c'est pas la franche intimité !… A tout à l'heure. Occupe-toi bien de lui ! *(Elle sort.)*

DONATIENNE : Tu vois, Féfé, que je t'ai pas menti. Plus de baraque, plus de bébé ! C'est aussi simple que ça ! Et un bébé, ça a pas vécu un bébé, ça a toute sa vie à faire ! Tandis que toi, avec la vie que t'as eue, hein ?... Bon, j'vois que t'as plus faim. De toute façon, on n'a plus le temps. S'agit de s'y coller. Arrive-là, que j'te mette sous la lumière, parce que y'a rien d'agaçant comme de bricoler sans rien y voir. *(Elle va chercher une caisse de carton débordant de tout un appareillage électrique.)* Tu vas voir, je t'ai trouvé un truc pour te requinquer ! Bon, surtout, tu bouges pas, enfin c'est vrai que ça risque rien comme disait le coupeur de bourses à un castrat ! Ça y est, t'es bien assis, là, t'es bien calé, on peut y aller ? Attends, j'm'en vas quand même te caler un peu dans ton fauteuil. S'agirait pas que tu nous ferais le coup du gars qu'il lui prend l'idée de se faire une virée juste au moment qu'on allait l'enterrer, que ça a fait rater toute la cérémonie et même le vin d'honneur ! Bon, alors, tu vois, ton problème, à mon avis, c'est que t'as pas assez de tension. C'est ça qui te ramollit ! T'es déphasé, plus au courant de rien. Te faut l'étincelle, quéqu'chose comme une électrothérapie, un truc pour te recharger tes accus ! *(Elle a branché des fils sur les montants du fauteuil roulant, a posé sur la tête de Félix, une casserole métallique reliée à des fils électriques, et lui fixe des fils aux bras et aux jambes avec du ruban adhésif.)* Bon, ben, ça prend tournure. Je sais pas si t'es bon conducteur, mais c'est maintenant que va falloir le prouver ! Sois pas surpris si au début ça démange un peu, c'est normal, et même si ça sent un peu le brûlé, paraît que ça fait toujours ça. Voilà. Ben ça va y être. Au fond tu vois, ben le bricolage, je commence à y prendre goût. Bon, ben on va brancher, hein ? Tu veux que j'te dise : c'est un service que je te rends. T'avais plus le jus, ben le temps d'une poignée de secondes tu vas péter le feu ! Allez Féfé, accroche-toi, j'envoie la sauce...

(Elle branche. Etincelle - à l'aide d'un flash dissimulé : Petit cri de Félix. Noir total.)

Voix de DONATIENNE : Allons bon, les plombs qu'ont sauté ! Tu parles d'une installation ! Un coup à attraper un accident ! Bon alors cette saloperie de compteur, il est où ? Ah, voilà ! *(Elle rallume. Le fauteuil roulant est vide. Et, posées devant, ne restent de Félix que les deux charentaises.)* Ah, ben merde ! Il est plus là ! C'est quand même pas que je l'aurais désintégré ?

Ou envoyé dans la quatrième dimension ? *(Elle regarde dans l'air autour et au-desssus d'elle.)* C'est pas vrai ! J'raconte ça dans le journal, on me colle le Prix Nobel ! Non, c'est pas possib' ! Arrête Féfé, je sais que t'es caché ! Hein, c'est ça, tu t'es planqué ? Allez, arrête tes enfantillages, t'es où ? *(Elle regarde dans le fond des charentaises.)* Féfé ? Féfé ? Où c'est que tu t'caches ? Bon, maintenant tu m'énerves ! On n'a pas le temps de jouer ! Où il est ce bougre d'enquiquineur ! Félix Félix !... *(Elle part à sa recherche, porte de droite.)*

(A peine est-elle sortie, qu'entre par la porte du fond Denise Lesecq.)

DENISE : Il y a du monde ? Il y a quelqu'un ? Personne ! On entre ici comme dans un moulin ! *(Elle sort de son sac un grand carnet, un crayon, et note.)* Mauvais point, ça ! Si on prétend élever un bébé dans cette maison, encore faut-il qu'elle ne soit pas ouverte à tout vent ! Un enfant pourrait sortir d'ici sans que personne ne s'en inquiète !

(Entrée de Félix par la porte de gauche. Ses cheveux hirsutes sont dressés en mèches raides, une manche de sa veste de pyjama est déchirée, et les jambes du pantalon ne sont plus que lambeaux noircis.)

FELIX : *(l'air sonné, à Denise)* Princesse Mélanie ! Vous n'êtes pas encore prête ? Mais le bal va commencer dans un instant ! Franchement, je préférais votre robe du Bal des Orchidées ! Celle-ci est un peu stricte, non ? Vous qui avez une si jolie gorge, pourquoi la mettre si peu en valeur ?

DENISE : Ben, qu'est-ce c'est qu'ça ? Qu'est-c'est qu'ça ? Mais laissez-moi, enfin ! C'est un fou ! C'est ça, c'est un fou ! Arrêtez, ou je vais crier !

FELIX : Nous ouvrirons sur la Valse de l'Empereur. Vous vous souvenez du pas d'attaque, n'est-ce pas ? *(Il veut lui prendre la main et l'enlacer.)*

DENISE : Mais je ne vous permets pas ! Voulez-vous me lâcher ! En plus qu'il est tout poilu ! Arrêtez Monsieur, sachez que jamais un homme n'a osé poser la main sur moi ! Je vais hurler Monsieur, je vais hurler !

FELIX : Mais Princesse, que signifie enfin... ?

(Retour de Donatienne.)

DONATIENNE : Félix ! Mais qu'est-ce qu'il nous fait, là ? Félix, enfin, cessez d'importuner Madame ! Vous voyez bien qu'elle a pas envie ! *(Elle le dégage.)*

DENISE : Mademoiselle ! Mademoiselle Denise Lesecq ! *(Elle montre sa carte.)* Enquêtrice de la Protection de l'Enfance. Et je dois vous prévenir que mon enquête commence très mal !

DONATIENNE : Ah, c'est vous... Je, ben, c'est que... faut excuser Félix, ma p'tite dame, il vient de subir un choc, et...

DENISE : Un choc ? Dites qu'il est fou à lier ! Il voulait me..., moi !

DONATIENNE : Ah oui, alors c'est qu'il est fou !... Mais ça va se passer ! Il a failli s'électrocuter en voulant recharger sa pile cardiaque. Ça l'a secoué, pensez ! Mais ça va aller mieux, hein Félix, ça va mieux maintenant ? Vous voyez... Bon, ben je vais l'emmener dans sa chambre, nous serons mieux pour causer. S'cusez-moi une seconde. Allez, venez Félix, vous voyez bien que ça lui dit rien, allons, arrivez voir, d'ailleurs c'est pas vot' genre, voilà, sage, on y va, allez...

(Ils sortent porte droite.)

DENISE : *(se grattant la tête, perplexe)* Oui, bon, continuons. *(Elle arpente la pièce dans les deux sens à grandes enjambées.)* Un, deux, trois, quatre, cinq... Et là, un, deux, trois...

(Retour de Donatienne.)

DONATIENNE : *(surprise)* C'est-y qu'vous auriez perdu quéqu'chose dans l'échaufourrure ?

DENISE : J'évalue la surface habitable et le volume. Il y a des normes. Un bébé a besoin d'un espace réglementaire que nos services ont précisément défini.

DONATIENNE : Ah bon... Moi, j'ai été élevée dans un box, à l'Assistance publique, alors je peux pas me rendre compte, évidemment. Mais pour c'qu'est de cette maison, j'suis tranquille, on pourrait y élever une portée de jumeaux quintuplés ! Alors...

DENISE : Vous êtes quoi ici ? La nurse ?

DONATIENNE : Je, ben oui, en quelque sorte c'est ça, j'suis comme qui dirait la nurse...

DENISE : Pour le... le vieux fou ?

DONATIENNE : Ah non, pensez-vous ! Pour le bébé, rien que pour le bébé ! On m'a engagé espécialement ! Non, le Félix, là, c'est comme ça, pour dépanner. D'ailleurs, c'est l'affaire d'un jour ou deux, tout au plus. Son départ, est, comme qui dirait... programmé !

DENISE : Définitif, son départ ?

DONATIENNE : Ah ça, affirmatif, tout ce qu'il y a de définitif !

DENISE : Tant mieux ! Parce que je dois vous dire que laisser un bébé à portée d'un... d'un semblable obsédé, il ne saurait en être question !

DONATIENNE : Ça va de source. Non, rassurez-vous cette maison est vraiment très bien. Vous pensez que dans mon métier, j'en ai vu des maisons, et quand je dis des maisons, je pourrais dire des clapiers, sans surface, sans volume, sans rien, où c'que les enfants ils tombaient comme des mouches, avec sur le corps des bubons cramoisis, des abcès purulents, des phlegmons infectés, des furoncles gorgés à bloc, des pustules verdâtres, des chancres mous, oui, eh bien, ici, rien de tout ça, c'est nickel et tout, au point qu'on pourrait manger par terre, mais bon, on a des assiettes, tout c'qui faut, hein, attention...

DENISE : *(sèchement)* J'aurai à m'en assurer ! De même que j'entends rencontrer les parents du jeune Théo, m'assurer de leurs compétences, et de leur moralité.

DONATIENNE : Comme vous avez raison ! On voit tant de choses de nos jours ! Savez-vous que j'ai connu une famille où c'que la maman du bébé vivait seule, sans le père de l'enfant, rien qu'avec sa mère à elle, une femme admirable la mère, qui d'ailleurs, était très dévouée pour le petit Théo...

DENISE : Théo ? Mais c'est comme ça que s'appelle...

DONATIENNE : Théoriquement ! Je veux dire qu'elle était très dévouée pour le petit, théoriquement. Vous imaginez ?

DENISE : J'imagine. Et c'est précisément ce genre de situation que notre service s'emploie à épargner aux bébés !

DONATIENNE : Je vois. Et vous, des enfants, vous en avez ?

DENISE : Vous déraisonnez ! Comment cela se pourrait-il, puisqu'aucun homme, jamais n'a... ?

DONATIENNE : S'cusez, j'pouvais pas savoir. J'savais même pas qu'ça existait encore ! Ceci dit, z'avez ben raison, les bonshommes, ça sait que prendre et rien donner ! Vous prennent par surprise, à la hussarde, et après prennent la porte et la poudre d'escampette ! Et débrouille-toi mémère avec le polichinelle !

(Entrée de Mado, un cabas à la main.)

MADO : Bonjour Madame.

DENISE : Mademoiselle !

MADO : *(à Donatienne)* Dis donc pour les courses que tu m'as demandées...

DONATIENNE : Oui, bon... Je raccompagne Mademoiselle Lesecq. *(Elle entraîne Denise vers la porte.)*

DENISE : Je reviendrai très bientôt pour rencontrer les parents et pour l'enquête de moralité. Je dois dire que ma première impression n'a pas été excellente !

DONATIENNE : Ben on est deux... Allez, au plaisir. *(Elle s'efforce de la pousser dehors.)*

DENISE : Votre amie, là, elle a un drôle de genre, non ?

DONATIENNE : C'est pourtant quelqu'un de très bien, beaucoup de relations, surtout dans la police. Une demoiselle, elle aussi. C'est la marraine du petit.

DENISE : Mouais. Nous sommes appelées à nous revoir très vite. A bientôt donc.

MADO : Salut.

DONATIENNE : Ce sera pour nous une immense joie... La sortie est au bout du couloir. *(Elle claque la porte derrière Denise.)* Vieille guenon !

MADO : Oui, dis donc, tes courses ! Trouver ça un dimanche, tu parles que j'ai dû cavaler ! Tiens, v'là ce que tu voulais.

DONATIENNE : *(prenant le cabas)* Donne. Va voir c'que fait le Félix. Pis tu me l'pousses jusqu'ici. Après ça, tu retapes un peu les chambres. Parce que j'te rappelle que chez moi, c'est pas un hôtel !

MADO : Oui, alors c'est pour de vrai qu'elle va être à toi, la maison ?

DONATIENNE : Elle va pas être, elle est à moi ! Plus qu'une formalité, et après j'suis la patronne !

MADO : Ben dis donc, c'est pas à moi que ça arriverait, un héritage comme ça ! Le seul truc que j'ai jamais hérité d'un homme, c'est des bleus ou des démangeaisons !

(Sortie de Mado. Donatienne sort du cabas un inhalateur, une boîte de raticide et une bouteille de produit d'entretien. Puis elle prend sur l'étagère un gros dictionnaire qu'elle feuillette.)

DONATIENNE : Bon, heureusement que j'avais prévu le cas où mon bricolage électrique aurait foiré ! *(Elle lit.)* Alors, chambre, chambre froide, chambre noire, chambre de sûreté, non, chambre d'explosion, chambre des tortures, ah ! chambre à gaz... Alors, soyons scientifique ! Bon, j'ai bien tout ? *(Lisant)* Chambre à gaz : sas à l'intérieur duquel un condamné à mort est exécuté par inhalation de gaz mortel, obtenu en faisant tomber des pastilles de cyanure dans de l'acide. Alors, le cyanure, c'est bien ça, c'est le même nom que sur la boîte de raticide. Et le décapant, pas de problème, c'est forcément de l'acide ; alors ça baigne ! S'agit plus que d'y aller ! *(Elle verse le liquide dans le bol de l'inhalateur.)* La vache, rien que ça, déjà ça te dégage les bronches ! Alors, avec les pastilles dedans, ça devrait salement le décongestionner, le Félix ! *(Entrée de Félix.)* Ah, Féfé ! Ben tu tombes bien, j'suis en train de te préparer une inhalation que tu m'en diras

38

des nouvelles ! Je vois bien que toi, ça gaze pas fort ! *(Elle l'installe assis devant l'inhalateur.)* Alors j'm'en vas t'arranger ça ! J'vas te donner une bouffée d'espoir ! Tu vas respirer un grand coup là-dedans, mais alors tu vois le gros gorgeon, que tu t'en mets d'un coup plein tes petits poumons, c'est vu ? J'te dis pas qu'au début ça te paraîtra pas un peu fort, mais dame, c'est comme le grand air, au début ça saoule un peu, et puis après ça te remet en forme. Attends, j'm'en vas te mettre une serviette sur la tête, c'est plus sûr, y'a moins de perte ! *(Elle le couvre d'une serviette et lui tient la tête sur l'inhalateur.)* Bon, tu y'es Féfé ? Respire à fond, j'colle les comprimés dans l'eau ! *(Elle sort deux blocs de raticide et les passe sous la serviette.)* Allez Féfé, vas-y, on aspire, on aspire, on aspire ! Bien à fond, bien à fond ! Ça va ? Tu sens que ça te fait quelque chose ? Allez, encore un peu. C'est bon ? *(Elle soulève un coin de la serviette.)* Alors, te v'là comment ? *(Félix apparaît, hilare.)* Ben dis donc, on voit que t'es un gars de la ville, toi ! T'es blindé aux gaz d'échappement ! C'est pas vrai ! Bon, j'te rajoute deux comprimés, même trois, c'est la dose pour les sujets les plus atteints. Allez, on s'y recolle ! *(Elle le recouvre.)* Respire bien à fond, parce que sinon, c'est pas la peine que les chimistes ils se décarcassent ! Les rats, ils seraient comme toi, à chipoter, on serait pas près d'en venir à bout de la vermine ! Alors, comment tu vas ? *(Elle soulève la serviette. Félix a le visage tout vert - L'acteur s'est barbouillé sous la serviette.)* Ah ben, c'est déjà mieux ! Allez, encore une giclée ! *(Elle le replonge sous la serviette. Entrée de Mado.)*

MADO : Au fait, pour le décapant, le type il m'a dit qu'ils en faisaient un maintenant, qui ne contient plus du tout d'acide, et que c'est vachement moins dangereux. C'était un tout petit peu plus cher, mais j'ai préféré le prendre quand même. C'est plus sûr. J'ai bien fait ?

DONATIENNE : *(interloquée)* Quoi ?! Sans acide ?!

MADO : J'aurais pas dû ?

DONATIENNE : *(fulminant)* Oh si, si, t'as bien fait ! *(A part.)* Crème d'andouille !... Ecoute Mado, t'as bien fait, mais une autre fois, tu feras encore mieux si tu prends pas d'initiative ! Compris ? *(Brusquant Félix.)* Allez, toi, sors de là, c'est plus la peine de sniffer, tout c'que tu vas gagner c'est la migraine et une maladie de peau !... Non mais c'est pas vrai ! De quoi j'me mêle, franchement ! Alors moi, j'me tue à arranger les affaires de tout le monde, et v'là le résultat !

MADO : Au fait, c'est quoi que tu veux décaper ?

DONATIENNE : Demande-moi plutôt, qui que j'ai envie de décaper ! Allez, emmène le Félix, et tâche de le retaper un peu. Comme ça, il a l'air d'un concombre mûri en sanatorium !

MADO : Quand même, Donatienne, je trouve que depuis que t'es propriétaire, t'as tendance à plus tellement respecter ton monde !

DONATIENNE : Dehors ! Et t'emmènes le fossile !

MADO : Allez, venez Monsieur Félix, battons froid à cette arriviste. A qui je ferai remarquer qu'elle m'a même pas remboursée, pour les courses. Mais ignorons, Monsieur Félix, ignorons... *(Ils sortent.)*

DONATIENNE : Encore raté ! Et avec ça, le temps passe... Bon, me reste le plan numéro 3. Et alors çui-là, s'agit que ça marche ! Pourvu, que Clem' pense à ma valise !... Mado ! Mado !

(Retour de Mado.)

MADO : *(de mauvaise grâce)* Ouais ? On me veut quoi chez les bourgeoises ?

DONATIENNE : Ecoute Mado, j'ai été un peu rude avec toi. Mais bon, tu me connais, j'suis du genre soupe au lait, et puis après, quand c'est que c'est passé, ben je regrette... Félix, qu'est-ce qu'il fait ?

MADO : S'habille... C'est tout ?

DONATIENNE : Non, j'voulais te demander : tu t'y connais, toi, j'crois, en pâtisserie ? M'semble bien que t'as travaillé pour un boulanger-pâtissier, non ?

MADO : Ouais. Mais, je faisais pas tellement dans l'Saint-Honoré. J'm'occupais plutôt de la brioche du patron !

DONATIENNE : Ouais, mais ça, ça fait rien, t'as quand même plus de connaissance que moi là-dedans. Moi, la seule fois que j'ai voulu faire un gâteau, c'était pour la kermesse de l'école à Clem'...

MADO : Ils ont pas aimé ?

40

DONATIENNE : Les élèves, si ! Parce que ça leur a fait une semaine de congé, le temps qu'à l'hosto, ils fassent un lavage d'estomac à la Maîtresse !... Ça m'a dégoûté de la pâtisserie. Alors, toi, tu voudrais pas faire un gâteau pour Félix, que c'est pile aujourd'hui son anniversaire ?

MADO : Un gâteau ? Mais je ne...

DONATIENNE : Non, mais tu sais, le truc vite fait, juste histoire de marquer le coup, pour ce pauvre Félix. Tu sais, c'est vachement important, le moral, pour les malades !

MADO : Ça doit être pour ça que tu le traites de vieux fossile !

DONATIENNE : Justement, les fossiles c'est inusable ! Bon, alors, tu le fais ce gâteau ?

MADO : Ouais, c'est bien pour rendre service, mais j'suis trop bonne.

DONATIENNE : C'est ça, c'est ça... Tiens, la cuisine c'est par là. *(Elle montre la porte de gauche.)*

(Sortie de Mado. Retour de Fred et de Clémentine, portant une vieille valise et des cartons.)

CLEMENTINE : *(vers Fred)* Oui, ho, on va pas faire le réveillon là-dessus !

DONATIENNE : Qu'est-ce qu'il y a encore ?

CLEMENTINE : Oh, il arrête pas de râler sous prétexte que je l'avais pas prévenu pour l'antivol, à la caravane !

DONATIENNE : Et c'est lui qu'est rentré le premier ?

CLEMENTINE : Ben oui.

DONATIENNE : Astucieux, hein, comme protection contre les voleurs ?

FRED : Ça, fallait y penser ! Un piège à renard dans l'entrée ! J'ai la jambe à demi-broyée ! *(Il s'assoit.)*

DONATIENNE : Penses-tu, le ressort est à moitié foutu !... Vous tombez bien, Mado est en train de faire le gâteau.

CLEMENTINE : Quel gâteau ?

DONATIENNE : Ben, pour l'anniversaire !

FRED : Quel anniversaire ?

DONATIENNE : Çui de Félix, tiens, c'te idée !

FRED : Qu'est-ce que c'est encore que cette trouvaille ? L'anniversaire de Monsieur Félix, c'est dans six mois !

DONATIENNE : Ah la la, toujours à ergoter çui-là ! Je parle de l'anniversaire de notre rencontre avec Féfé ! C'est aujourd'hui pétant, s'agit pas de rater ça, hein ?

FRED : *(se massant la jambe)* Ça me fait une belle jambe ! Et vous croyez que dans son état, Monsieur Félix a vraiment envie de faire la fête ? Le pauvre ne se rend même pas compte !

DONATIENNE : Et alors ? Tu parles d'une mentalité ! Quand c'est qu'on porte des fleurs au cimetière, on s'attend pas à voir les morts taper des mains, et on le fait quand même. Là, c'est pareil. Hein Clem', t'es pas de mon avis ?

CLEMENTINE : Ben, vu sous cet angle, évidemment...

DONATIENNE : Bon, ben on va se préparer pour la petite fête. Ah, z'avez pensé à ma valise ! Justement, y'a quelque chose dedans qu'il me faut pour l'anniversaire. Comme qui dirait la cerise sur le gâteau. Commencez à mettre la table, je reviens avec Féfé. *(Elle sort, avec la valise.)*

FRED : C'est n'importe quoi ! Un brunch d'anniversaire !

CLEMENTINE : *(commençant à disposer les assiettes)* C'est pas un brunch, c'est un gâteau.

FRED : Et cette commémoration historique ne pouvait attendre l'heure du repas ?

CLEMENTINE : Avec ma mère, c'est toujours comme ça. Y a jamais d'heure pour rien. Elle fait les choses quand ça la prend.

FRED : L'ennui, c'est que ça la prend souvent ! Décidément non, j'arrive pas à croire que Monsieur Félix, et cette.... et elle, aient pu un jour, tous les deux... Quelle horreur, grands dieux quelle horreur !

CLEMENTINE : Oh, eh, c'est de ma mère que vous parlez ! Et puis, j'ai vu d'elle des photos de quand elle était jeune, et elle était tout à fait jolie !

FRED : Faudrait pas vieillir !

(Retour de Donatienne soutenant un Félix endimanché.)

DONATIENNE : J'y ai mis ses habits du dimanche, parce que après, ça aurait été plus difficile de l'habiller pour la mise en b... Oui, bon, alors... *(Criant)* Alors, Mado, ce gâteau, il vient ?

Voix off de MADO : Oui, encore une seconde, je fais la finition !

DONATIENNE : *(asseyant Félix à la table)* C'est qu'il est près de souffler la bougie, mon Féfé, hein ?

FRED : Mais enfin, regardez-le, ce pauvre Félix serait bien incapable de souffler quoi que ce soit !

DONATIENNE : T'entends ça, Féfé ? Il te prend pour quoi, ton gigolo ? Il peut souffler, Félix, vous allez voir ! *(Elle lui prend le bras, introduit l'index de Félix dans sa bouche et souffle dedans comme dans un ballon : les joues de Félix se gonflent. Passant derrière lui, elle appuie d'un coup sur ses deux joues ; il souffle.)* Alors, vous voyez bien qu'il peut souffler sa bougie, le Félix !

(Entrée de Mado, portant sur un plateau une sorte de bouse marron.)

MADO : Voilà le gâteau ! Spécialité de Mado !

FRED : Ben, j'ai vu des vaches en faire d'aussi belles que ça !

DONATIENNE : Si on te demande la recette, garde le secret, parce que franchement, un truc pareil, s'agirait pas que ça se répande !

43

MADO : C'est basé sur la recette du pet-de-nonne !

DONATIENNE : Ben c'est pas flatteur pour la bonne sœur !

MADO : Oui, ben moi, dans cette maison, j'en ai un peu marre qu'on me prenne pour la bonniche, et qu'on me traite comme une moins que rien !

CLEMENTINE : Mais non Mado, il est très bien ton gâteau. D'ailleurs, on en voit des fois dans les pâtisseries, des comme ça.

FRED : Dans les pâtisseries, je ne sais pas. Mais dans les triperies, oui, sûrement.

DONATIENNE : Ecoute-le pas Mado. Un type qu'a des goûts comme lui, j'vais t'dire, on peut être d'accord sur rien. Bon, et puis maintenant, ça suffit. Y a Féfé qu'attend pour souffler la bougie !

MADO : Ah ben, moi j'en n'ai pas de bougie...

DONATIENNE : T'occupe, j'ai tout prévu. *(Elle sort de sa poche un bâton de dynamite, puis son appareil photo.)* Bon, alors tout le monde à l'écart le temps de la photo ! J'veux juste mon Féfé en train de souffler ! Mado, va poser le gâteau devant lui. Voilà. J'allume la bougie. *(Elle allume la mèche. / Faire la mèche avec une "chandelle magique" qui brûle avec des étincelles. / Puis elle va la planter dans le gâteau.)* Allez, on se recule, j'veux pas risquer d'avoir quelqu'un d'autre sur la photo ! Attention au flash, ça risque d'être un peu brutal ! Et accrochez-vous parce que j'sens qu'avec la forme qu'il tient le Féfé, va y avoir un sacré effet de souffle ! Allez, vas-y Féfé !

FRED : *(se précipitant vers le gâteau)* Mais... mais... c'est pas une bougie, ça. TNT, qu'il y a écrit dessus. TNT...

DONATIENNE : Ben, oui, TNT, TNT : Toute Notre Tendresse, ça veut dire ! Reviens-là, dépêche-toi. Tu vas tout faire foirer... enfin, foirer ma photo !

FRED : Mais... TNT, TNT ! Elle est folle ! Attention ! *(Il empoigne le bâton de dynamite, rejette par la fenêtre. Explosion violente off.)* C'était de la dynamite ! Criminelle ! Grosse folle !

DONATIENNE : Ah ben, et c'est lui qui me traite de grosse folle ! Elle est raide, celle-là !

CLEMENTINE : Mais Maman, tu te rends compte que ça aurait pu tuer quelqu'un !

MADO : Sans compter que ça aurait abîmé le gâteau !

DONATIENNE : Et alors ? Comment je pouvais savoir que c'était pas une bougie ? Je tiens ça d'un ami, c'était resté dans ses affaires. J'ai toujours cru que c'étaient des bougies !

FRED : Il faisait quoi, votre ami ?

DONATIENNE : De la politique. L'avait fondé un parti, le F.N.L.B.B, Front de Libération de Boulogne-Billancourt ! S'est fait arrêter le jour où il mettait le feu à la perception...

FRED : Non mais quelle clique !

FELIX : Fred, il doit y avoir un courant d'air, j'ai entendu claquer la porte du bas. Si vous fermiez la fenêtre...

CLEMENTINE : Mais, Félix, il parle !

FRED : *(courant vers lui)* Félix, tu... Félix, vous allez mieux ?

DONATIENNE : Oui, parce que je vous ferai remarquer que c'est facile de critiquer ! Mais ce matin, quand c'est que je l'ai pris en main, le Félix, il marchait plus, et il était guère plus bavard qu'un acteur de cette troupe quand c'est qu'il a un trou de mémoire ! Alors, faudrait voir à rendre à César c'qui m'appartient : à savoir que grâce à moi, le Féfé, il marche, et qu'en plus il cause ! *(Morose)* Bref, il vit...

MADO : Alors, tout va bien ! C'est pas tout ça, mais on pourrait peut-être manger le gâteau ? Et si Monsieur Félix veut y goûter...

FRED : Il vient à peine de ressusciter ! Vous voulez le finir ? Félix ? Félix ? Félichou... Ça y est, il ne dit plus rien ! C'est pas encore ça...

DONATIENNE : Ah ben hé, tu voudrais pas que d'un seul coup il te récite les œuvres complètes de La Fontaine ! Mais y a quand même un sacré mieux, non, depuis ce matin ! *(Sonnerie de la porte d'entrée.)*

FRED : Qui ça peut être ?

CLEMENTINE : Je vais voir. *(Elle sort.)*

MADO : Ah ben oui, mais non, j'avais pas compté avec des visiteurs. Y aura pas du gâteau pour tout le monde.

DONATIENNE : Je donne ma part...

Voix off de CLEMENTINE : C'est un monsieur et une dame !...

DONATIENNE : Si c'est des Témoins de Jivago, tu les fous dehors ! Tu dis qu'on est déjà abonnés au Kama-soutra !

FRED : J'y vais.

MADO : Je vais mettre le gâteau à réchauffer. Parce que froid, il va être moins bon. *(Elle emporte le gâteau dans la cuisine.)*

> *(Dès qu'elle est seule, Donatienne sort côté chambre, aussitôt revient avec une grosse boule de bowling qu'elle porte avec peine / ballon de plage en mousse peint.)*

DONATIENNE : Dis donc Féfé, j'sais pas si c'est toi ou le Fredo qui faisait du bowling, mais deviez faire équipe à deux mains, parce que bâtis comme vous êtes je vous vois pas bien soulever ce machin-là tout seuls !

> *(Tout en parlant, elle a placé la boule en équilibre instable, sur l'étagère, juste au-dessus de la tête de Félix. Elle redescend prestement, puis donnant des coups dans la cloison, teste l'instabilité de la boule.*
>
> *Retour de Fred et Clémentine, accompagnés de Denise Lesecq et d'un jeune homme à l'air sonné qui tient une petite valise à la main.)*

FRED : Je ne comprends rien à ce que raconte cette dame ! Elle prétend que vous vous connaissez, qu'elle a été agressée, ici, ce matin, par un maniaque sexuel, et que c'est pour cela qu'elle revient accompagnée d'un de ses collègues. Et que, en plus, à l'instant, ils viennent d'être, euh... victimes d'un attentat, que, euh... quelqu'un leur aurait jeté... une... une bombe !

46

DONATIENNE : Une bombe ! *(Elle ponctue ses exclamations de coups dans la cloison, tout en guettant la boule du coin de l'œil.)* Tiens donc ! Bah, un avion qu'aura passé le mur du son ! Ou alors, un pétomane qui faisait du karaoké !...

DENISE : Une bombe ! Une vraie ! Qu'a failli tuer l'enquêteur-stagiaire Lejeune !

FRED : Franchement, ça aurait été dommage ! Et comme il porte bien son nom !

DENISE : Z'êtes bizarre, vous... Quelle époque ! Vouloir assassiner des fonctionnaires en exercice !

DONATIENNE : Z'aimeriez mieux qu'on bombarde les retraités ? Z'êtes en cheville avec la Sécurité sociale ou quoi ?... A part ça, oui, je connais Madame !

DENISE : Mademoiselle !

DONATIENNE : Mademoiselle ! Mademoiselle Lesac !

DENISE : Lesecq !

DONATIENNE : Lesecq ! C'est ça ! C'est bien ça ! Ben oui ! Oh la la ! Où avais-je la tête ? *(En aparté.)* Saloperie de boule ! Tu vas t'y dépoter, oui ou non ?...

DENISE : Oui bon... *(Montrant Félix.)* Bon, j'espère que le vieux, là, il est calmé ! A cause de l'agression, j'ai préféré revenir accompagnée. Avec un stagiaire, qu'est là pour me couvrir.

FRED : Pauvre garçon !

DONATIENNE : Ah ben c'est bien, ça, dites donc ! Vous vous êtes enfin décidée ! Bravo ! Z'allez voir ! Ça change la vie ! Encore que vu son état, m'a plutôt l'air d'un zombi que d'un étalon ! *(Tapant dans la cloison.)* Warf, elle est bonne ! Vains dieux, pour être bonne, elle est bonne ! Pas vrai ?

DENISE : *(à Fred)* Dites, ça va pas votre nurse ? Le vieux l'a agressée aussi ? Bon, nous venons pour l'enquête de moralité. Et je vous ferai remarquer qu'un fonctionnaire sait travailler le dimanche quand la situation l'exige ! Eh bien, puisque les parents sont là...

CLEMENTINE : Les parents ?

DONATIENNE : Ben oui ! C'est l'enquête pour ton... pour vot' bébé. Ma'ame voudrait savoir si...

DENISE : Mademoiselle !

DONATIENNE : Oui, Mademoiselle... *(Au stagiaire, avec un coup d'œil appuyé.)* Mais plus pour longtemps, hein ?... Bon, donc, la demoiselle et son... apprenti-couvreur, viennent inspecter pour savoir si on peut vous rendre le petit Théo ! Question de connaître la moralité des... parents !

CLEMENTINE : Mais, je...

DONATIENNE : *(s'épuisant en coups d'œil vers Fred)* Des parents ! Des parents !

FRED : *(à part)* C'est pas vrai ! La grosse qui me drague, maintenant !

DENISE : Oui, bon, ils ont compris ! Alors voici donc la mère de l'enfant ?

DONATIENNE : Oui, Clémentine, ma fille...

DENISE : Votre fille ?

DONATIENNE : Ma filleule ! Si c'est que vous m'interrompez tout le temps, comment c'est que je peux espliquer le topo ? *(Elle continue parfois à frapper en guettant la boule. En aparté.)* Purée, va pas tomber cette saleté ?

DENISE : *(vers Fred)* Et voici le père, j'imagine ?

DONATIENNE : B'solument.

FRED : *(s'étranglant)* Que je... le père ?... Moi je... que... Ah ça non, quelle horreur !

DENISE : *(qui ne l'a pas entendu)* Je vais être franche, j'aurais parié qu'il n'y avait pas de père ! Auquel cas, nous ne rendions pas l'enfant. Mais je me suis trompée, j'en conviens...

FRED : *(en aparté vers Donatienne)* Qu'est-ce que c'est que cette comédie ?

DONATIENNE : *(en aparté)* Ben, c'en est une ! T'as pas lu l'affiche ? Et pis dis donc tu peux quand même faire un effort, non ?

CLEMENTINE : *(en aparté)* Fred, je vous en supplie, pour mon enfant...

DENISE : *(formulaire et stylo en main)* Bon, alors, j'aurais quelques questions à poser aux parents. *(A Fred.)* Alors, date du mariage ?

FRED : *(affolé)* Date du mama... du mama...

FELIX : *(l'air préoccupé depuis un moment)* Mais que fait la princesse ? Le bal va commencer et elle n'est pas là...

DONATIENNE : Oui, bon, ben pour les questions y'a pas le feu ! D'abord, on...

Voix off de MADO : *(depuis la cuisine)* Au feu ! Au feu !

DONATIENNE : Ah ben si dis donc, y'a le feu ! *(Se ruant vers la cuisine.)* Qu'est-ce qu'elle a encore fait comme connerie, celle-là ?

FELIX : *(se levant)* La princesse, où est la princesse ?

DONATIENNE : *(ouvrant la porte du pied)* S'pèce de gourde, jette de l'eau ! *(Elle se prend un seau d'eau en pleine face / Même remarque que précédemment.)* C'est fait ! Mais ç'aurait été mieux qu't'arroses le feu, non ? *(A ce moment la boule tombe de l'étagère sur la place vide de Félix.)* C'est pas vrai, suffit qu'il s'en aille pour qu'elle tombe ! j'l'ai quand même un peu sec ! Enfin, façon de parler ! Bon, ben faut pas forcer le destin. Quand c'est que ça veut pas y'aller, ça veut pas y'aller ! Allez, rideau, rideau ! Ramène-toi, Féfé, on s'en va. T'en fais pas, on va se débrouiller autrement !..

RIDEAU

ACTE III

Noir. Accords off d'un orchestre réglant ses instruments avant un concert. Le rideau s'ouvre. Scène vide. Si l'on dispose d'un suiveur, rond de lumière sur l'entrée droite, qui suivra le couple dans ses déplacements sinon lumière d'ambiance demi-teinte.

Entrée de Félix, très chic dans un habit de soirée, et de Donatienne serrée dans une robe de bal, noire, décolletée, avec mantille noire pliée en fleur sur l'épaule, gants longs, diadème.

FELIX : Allons-y, j'entends qu'on nous annonce.

Voix off : *(feutrée et cérémonieuse, façon commentaire de télévision)* La Princesse Mélanie de Stéfano vient d'apparaître, au bras de Félix Lecate, Maître des cérémonies de la Principauté. Ce sont eux qui, une fois encore, ouvriront ce grand bal des Orchidées. Tous deux sont étonnants de grâce et d'élégance, assurément un des plus beaux couples que compte actuellement le gotha des grandes Manilles...

(Faire disparaître le son progressivement.)

FELIX : Alors Princesse, n'oubliez pas. Nous laissons passer neuf mesures, et aussitôt, le pas d'attaque, bien coulé, épaules déjetées en arrière pour vous, bras bien tendu...

DONATIENNE : *(très snob)* Allons Félix, ce n'est pas le premier bal que nous ouvrons. Détendez-vous.

(Musique : La Valse de L'Empereur.)

FELIX : La musique ! Ça y est ! C'est à nous !

DONATIENNE : J'entends rien, à cause que je dois avoir un bouchon de cire humaine dans l'oreille. C'est quoi ? Une polka ou une rumba ?

FELIX : Enfin Princesse, la Valse de l'Empereur !... Voilà, allons-y.

(Ils dansent, lui gracieux, elle pesante et grotesque.)

N'est-ce pas que c'est beau ? Léger comme le battement de l'aile d'un cygne. Plus cambrée Princesse, un peu plus cambrée, et plus dans le rythme...

DONATIENNE : *(comptant)* Un, deux, trois, un, deux, trois... J'suis t'un peu rouillée à cause de mes courbatures...

FELIX : Le trophée de golf ?

DONATIENNE : Si c'était qu'ça ! Hier, a fallu que je débouche l'évier de la caravane !

FELIX : Plus coulé, le pas, plus coulé...

DONATIENNE : Le pas qui coule, j'ai du mal, mais alors le nez, lui, il arrête pas. Tu penses, à force qu'on m'arrose, j'm'ai pris le rhume Attends voir... *(Elle s'essuie le nez d'un revers de poignet en reniflant.)* Ben, ça va mieux !

FELIX : Alors, Princesse, et votre vie ?

DONATIENNE : Bah, la routine mon cher ! Cocktales, parties fines, bronzing sur le yachte de papa, avec sans arrêt les photographes sur le paletot, les paparazzites, pour essayer de me flasher à poil quand c'est que je fais du naturalisme !

FELIX : Et vos amours ?

DONATIENNE : Ah ben, z'avez pas lu dans le dernier Parimachte ? Quelle histoire ! Mon deuxième mari a fait une fugue avec mon nouveau fiancé pendant que je prenais un bain de minuit avec l'amant de ma belle-sœur ! Ah ici, s'agit pas de mollir, question galipettes ! *(Brouhaha off.)* Allons bon, les rev'là !

52

FELIX : Qui ça, Princesse ?

DONATIENNE : Toute la bande de paparazzites, tiens ! On pourrait peut-être continuer not' pince-fesse dans le grand-salon où c'est qu'y a déjà le Colonel Moutarde et Mademoiselle Rose. En plus que je veux vous causer en confidence, de ma meilleure amie, Donatienne de Lamarque-qui-manque, qui se fait un souci d'encre noire pour son héritage et son héritier !

(En valsant, ils sortent - péniblement - par la porte droite. Entrée des autres par la porte du fond.)

DENISE : *(toujours revêche)* Bon, les extérieurs seraient convenables sans cette pièce d'eau incroyablement dangereuse pour un enfant ! Sans parler du pavillon du fond du parc, dont certaines ardoises du toit me semblent bien prêtes de tomber !

LEJEUNE : Tout cela peut s'arranger. Il suffirait de vider la...

MADO : Ah ben, Donatienne est pas là ?...

DENISE : La grosse ? Elle a dit qu'elle s'occupait du vieux gâteux !

MADO : Vous croyez qu'elle va m'en vouloir, là pour... à cause du feu ?

DENISE : *(méprisante)* Pensez-vous ! Rien qu'à vous voir, on devine votre nature incendiaire ! Vous faites quoi dans la vie ?

MADO : Ben, j'tapine. Pourquoi ?

CLEMENTINE : *(l'interrompant vivement)* Oh, ça pour ça, oui tu taquines ! Elle est d'un taquin ! Mais on te demande pas ton caractère, on te demande ton métier !

MADO : Ben, c'est les hommes...

CLEMENTINE : Les omoplates ! Pis tous les os, quoi, les os en général ! Rebouteuse des os, voilà, elle est rebouteuse, c'est ça ! *(En aparté pour Mado.)* Tu veux qu'elle garde mon môme ou quoi ?

DENISE : Tout ça démarre décidément très mal ! N'est-ce pas Lejeune ?

LEJEUNE : *(qui depuis le début est de toute évidence sous le charme de Clémentine)* Pardon ? Je... Ah oui, très très bien en effet ! Mademoiselle Mado m'a l'air vraiment très bien. Ainsi que les parents du jeune Théo !

DENISE : Surtout sa mère ! N'est-ce pas ?... Bon, on pourrait peut-être s'asseoir pour le questionnaire de moralité. *(Avec un regard vers Mado.)* En espérant que cette fois nous ne serons pas interrompus !

(Ils s'installent autour de la table.)

FRED : *(en aparté à Clémentine)* Ça va être une catastrophe, je le sens !

CLEMENTINE : *(en aparté à Fred)* Tâchez d'être à la hauteur, je vous en supplie ! La laissez pas me prendre Théo !

DENISE : *(sortant un formulaire)* Alors, date du mariage ?

FRED : Euh... 29 février 1996.

DENISE : 29 février ? Vous vous moquez de moi ?

MADO : Mais si, c'était une année bisexuelle !

LEJEUNE : Mademoiselle Mado a raison, c'était une année bissextile.

DENISE : *(qui a écrit la réponse)* Date de naissance de l'enfant ?

CLEMENTINE : 2 mars 1996.

DENISE : Deux jours après le mariage ?

MADO : Le pauvre petit était prématuré !

DENISE : Mais de qui se moque-t-on ici !

LEJEUNE : Si Mademoiselle vous dit que l'enfant est né avant terme, il n'y a aucune raison de ne pas la croire.

MADO : Ah ben, sûr qu'il était prématuré ! D'ailleurs, c'est bien simple, Clémentine elle a toujours été en avance sur tout ! A deux mois, elle faisait sa première dent ! À un an elle trottait ! Et à douze ans elle courait plein gaz après les gars ! Tout comme moi ! Si j'vous disais que moi, j'étais tellement précoce que j'ai arrêté mes études à treize ans, juste après le cours élémentaire !

CLEMENTINE : *(effrayée)* Mado...

DENISE : Bon, alors je dois en conclure que le mariage a été décidé du fait même de la grossesse avancée de la mère. Mauvais ça, très mauvais du point de vue de la simple moralité !

CLEMENTINE : Mais, de nos jours, c'est très souvent comme ça...

DENISE : Justement, ça ne devrait pas ! Et ça n'est certes pas à l'administration d'encourager la turpitude et le laxisme ! Le résultat en est une société où l'on fait les enfants avant le mariage, où les filles sont toute l'année en pantalon et où les garçons portent des boucles d'oreilles !

FRED : C'est très mignon un garçon avec des boucles d'oreilles !

MADO : Ben non, moi j'aime pas ! Leurs anneaux, dans le noir, ça fait un bruit que t'as l'impression de faire un câlin à une tringle à rideaux !

DENISE : Bon, alors, profession du père ?

FRED : Ben, je suis secrétaire...

DENISE : Secrétaire, c'est un travail de femme, ça !

FRED : Et pourquoi donc un travail de femme ?! Et l'égalité des sexes alors ? Ce qu'une femme peut faire, je peux le faire aussi, imaginez-vous ! Qu'est-ce qu'elle croit, celle-là ?! En plus, moi, je suis secrétaire particulier, très particulier, même ! Et ce que je fais, y'a qu'un homme qui peut le faire ! Voilà.

CLEMENTINE : *(implorante)* Fred...

FRED : *(en aparté à Clémentine)* Ah non, mais elle m'énerve, cette bonne femme !

DENISE : Profession de la mère ?

CLEMENTINE : Ben, c'est à dire, j'ai pas vraiment de profession, en dehors de mère de famille... C'est grave ?

55

LEJEUNE : *(empressé, lui prenant la main)* Pensez-vous ! Mère de famille, c'est le plus beau métier du monde ! Et le mieux à même d'épanouir un enfant !

DENISE : Lejeune, je vous rappelle que vous êtes un fonctionnaire en service ! Et que vous n'êtes pas là pour faire le joli cœur ! S'il venait à Monsieur la fantaisie de devenir brutal, je ne saurais le blâmer !

FRED : Moi ? Et pourquoi je brutaliserais ce garçon ? Il est charmant. J'aime beaucoup son joli sourire, avec sa petite fossette et ses grands yeux profonds, et d'ailleurs, si un jour il...

DENISE : *(se levant brusquement)* Bon, allons voir la pièce appelée à devenir la chambre de l'enfant !

CLEMENTINE : C'est par là, je vais vous montrer...

(Le groupe se dirige vers la porte de droite.)

FRED : *(à Lejeune)* Ça ne vous dirait rien de devenir mon secrétaire particulier ?

LEJEUNE : Oh non, merci. Moi, le secrétariat j'en aurais vite plein le dos !

FRED : Dommage...

(Ils sortent. Musique. Entrée de Félix et Donatienne, valsant toujours.)

DONATIENNE : *(épuisée)* Z'êtes sûr qu'elle est pas finie, la musique ? J'en peux plus, moi ! C'est plus le bal des Orchidées, c'est le Marathon de Nouve-York !

FELIX : Allons Mélanie, toutes les princesses se doivent d'être des valseuses infatigables.

DONATIENNE : Possib' ! Moi les valseuses, c'est pas mon problème ; c'est le valseur qui fatigue ! En plus, je sens plus mes jambes, que si ça se trouve j'ai les guiboles toutes bleues à cause que ça m'a fait péter mes varices !

FELIX : Vous parlez trop et vous perdez le rythme. Sans compter que vous m'écrasez les pieds.

DONATIENNE : C'est à cause des chaussures à talons ! J'l'ai dit que j'avais pas l'habitude ! Fallait me laisser mettre des baskets !

FELIX : Appuyez-vous discrètement sur moi, le temps de récupérer.

DONATIENNE : Ah ben, c'est pas de refus ! *(Elle s'avachit sur lui.)*

FELIX : *(chancelant, haletant)* C'est pas franchement discret... Et puis alors, Princesse, il me semble que vous avez un peu forci depuis la dernière fois.

DONATIENNE : Ah bon ? Vous trouvez ? Ben ça j'en étais sûre, je le pressentais : c'est les soucis ! Moi, c'est toujours là que ça se porte ! Les soucis, c'est rapport à ma meilleure amie que je vous ai causé, la Donatienne... Bon, eh, on se fait un break, hein ? Histoire de s'refaire une santé !

(Ils s'arrêtent, s'effondrent chacun sur un siège.)

(ôtant ses chaussures et se massant les pieds) Ben, je sais pas si c'est comme ça que les princesses elles se prennent leur pied, mais à ce compte-là j'aimerais mieux être la femme d'un roi-feignant !

FELIX : Je dois vieillir, Mélanie. Quelques minutes de valse et me voilà aussi fatigué que si j'avais garé un bulldozer à la main !

DONATIENNE : C'est vrai Félix que z'avez pas bonne mine ! Seriez entrain de nous couver un coup de calcaire que j'en serais pas autrement surprise ! Remarquez, c'est peut-être rien qu'un petit coup de pompe, pas encore funèbre, mais ça peut venir ! C'est pour ça que vot' testament, avez bien fait d'y penser ! Qu'est-ce que vous en ferez de votre grande maison, quand c'est que vous en serez à sucer les clous de vot' cercueil, hein, franchement ? Tandis que ma copine Donatienne, elle a sa fille à abriter, et son petit fils ! Alors, qu'elle ait ou qu'elle aye pas une tache aussi con que génitale sur l'épaule, vous pouvez me dire quelle importance ça a ? Qu'est-ce que vous en dites ?

FELIX : *(ailleurs)* De quoi ? Ah oui. Peut-être. Je ne sais pas.

DONATIENNE : Donc, demain, z'allez pas chez le notaire ?

FELIX : *(lointain)* Chez le notaire ? Pourquoi ? Non, pas chez le notaire. Quelle drôle d'idée...

DONATIENNE : Eh ben voilà ! Du coup dis donc, ça me requinque ! Je me sens pousser des ailes ! T'entends toujours ta musique ? On s'en refait une petite ?

FELIX : Une petite ? Je me sens bizarre...

DONATIENNE : Une petite valse ! Allez Féfé, arrive un peu, on s'rejoue la toupie de l'Empereur ! D'ailleurs, l'est grand temps, j'entends les autres qui rappliquent !

(Elle l'empoigne, l'enlace et ils ressortent en valsant par la porte du fond. Retour des autres.)

DENISE : La chambre, ça pourra aller. A condition d'enlever du mur ces photos d'hommes nus ! Quelle drôle d'idée de décoration, franchement !

FRED : Et alors, c'est très beau des photos d'hommes nus ! Enfin, certains en tout cas...

DENISE : La petite enfance est précisément l'âge de la plus grande imprégnation. Montrez ce genre de cochonnerie à un petit garçon, et vous risquez d'en faire un inverti !

FRED : Des cochonneries ! Peuh, n'importe quoi ! D'abord les cochons, ils ont la queue en tire-bouchon, tandis que...

CLEMENTINE : Oui, Fred, ça va bien !

FRED : Ah non, mais c'est vrai, quoi, elle me cherche ! Un inverti, qu'est-ce qu'elle a contre les invertis ?

DENISE : J'ai seulement qu'un inverti c'est immoral, et qu'en plus ça n'est que la moitié d'un homme !

FRED : Et pan ! En plein à côté ! C'est le contraire : un homme inverti, ça en vaut deux ! Elle est bonne, hein ?

DENISE : Ben voyons ! En tout cas, mon rapport, lui, il vaudra pas

58

tripette pour ce qui vous concerne !

CLEMENTINE : Ah, bravo Fred !

LEJEUNE : Ne vous inquiétez pas, il reste le test pratique ! Et c'est ce qui compte le plus ! Alors...

MADO : C'est quoi le test pratique ?

DENISE : C'est pour s'assurer que les parents sont aptes à s'occuper d'un bébé. Lejeune, le bébé !

(Lejeune sort de la valise - de laquelle il tirera ensuite les autres accessoires - un "bébé" de chiffon, informe et désarticulé.)

MADO : C'est un bébé, ça ? C'est un croisement entre un polochon et une grande dépressive !

DENISE : Bon, le biberon, qui lui donnera le biberon ?

MADO : Oh moi, moi ! J'ai toujours rêvé de le faire ! En fait, le plus beau, c'est quand même de donner le sein !

DENISE : C'est pour ça que vous donnez les deux ? Et le reste avec !

MADO : J'suis sa marraine, à Théo, j'peux quand même lui donner le biberon ! Allez, passez-moi le monstre. Et le biberon. Merci. Voilà. Pas trop chaud ? C'est bon. Allez, avale, petit goinfre... *(Elle enfourne le biberon dans la fente qui sert de bouche au mannequin.)* Ben dis donc, t'as rudement faim... *(Elle enfonce le biberon qui disparaît dans la poupée.)* Ah ben merde, il a avalé le biberon, vot' mutant ! *(Elle enfonce la main et l'avant-bras dans le "bébé".)* Dis donc, c'est p'us un bébé vot' machin, c'est un pitbull ! *(Elle secoue le bras, finit par récupérer le biberon.)* Tiens, j'vous l'rends ! Un môme comme ça, que vous lui donnez la becquée et qu'il vous bouffe le bras, moi je le nourrirais à coups de savate dans le train !

DENISE : Je note tout ça ! C'est édifiant comme comportement !

MADO : Faudrait quand même voir à pas prendre le monde pour un ramassis de demeurés ! Y'a autant de rapport entre votre tas de chiffon et un bébé, qu'entre vous et une vraie bonne femme !

CLEMENTINE : Mado, arrête, arrête, je t'en supplie...

MADO : Non mais c'est vrai ! Ils vont les chercher où leurs enquêtrices maternelles ? A l'hosto, service des frigides ?

DENISE : Et outrage à fonctionnaire, allons-y ! Vous êtes témoin, Lejeune ?

LEJEUNE : Pardon ? Témoin de quoi ? Ah ben non, j'avais l'esprit ailleurs. Désolé...

DENISE : Vous allez faire une grande carrière chez nous, vous, je le sens !... Bon, il s'agit maintenant de faire la toilette de bébé, et de le langer.

CLEMENTINE : Je vais le faire.

DENISE : Non, le père ! Je tiens à m'assurer qu'il serait capable de s'occuper de l'enfant en cas de nécessité.

FRED : Qui, moi ? Que je fasse quoi ?!

DENISE : Nettoyer le bébé et lui mettre ses langes.

MADO : Le décrotter quoi, c'est pas sorcier.

FRED : Ah non ! Il n'en est pas question !

DENISE : J'en étais sûre ! Laisser un bébé dans cette maison ? Autant l'abandonner sur une décharge publique !

CLEMENTINE : Je ne vous permets pas !... Fred, je vous en prie, faites-le.

FRED : Lui faire sa toilette et le... ? Je ne pourrais pas plutôt essayer sur le stagiaire ?

DENISE : Installez-vous sur la table, là. Vous avez le coton, le lait, la pointe de tissu et l'épingle de sûreté.

FRED : L'épingle ? La pointe ? Mais je ne sais pas faire ça, moi !

CLEMENTINE : *(implorante)* Fred...

FRED : Ben mais, je ne...

MADO : Je vais vous montrer.

DENISE : Mais il n'en est pas question !

MADO : Bon, vous l'adjudant, on vous a pas sonné le clairon ! J'y montre, ensuite il fait ! Vu ?

(Rageuse, Denise griffonne sur son rapport.)

Poussez-vous, passez-moi le déchet ! Et vous, vous regardez bien. Lait ! *(Fred le lui passe, façon hôpital.)* Coton ! *(Même jeu. Elle essuie le "bébé".)* Oh la la ! Qu'est-ce qu'il a mangé vot' crevard ? De la paille ! Vous le mettez à brouter dans les chaumes ? Félicitation ! Si c'est pas de la maltraitance à enfant, ça, j'sais pas ce qu'il vous faut ! Faudra aussi l'écrire dans vot' saloperie de rapport ! Bon, alors pour le langer, comme ça... Dites, z'êtes pas au courant qu'il existe des changes autocollants ? Vot' système, ça fait déjà vingt ans que ça a passé la date limite !

DENISE : Qui peut le plus peut le moins !

MADO : *(à Fred)* Bon, z'avez vu, c'est pas sorcier ! A vous !

FRED : *(prenant le "bébé" avec répugnance)* Beuh, encore plus dégoûtant qu'un vrai ! *(Il l'essuie.)* Quelle horreur ! Vraiment, ça me lève le cœur ! Bon, alors le chiffon... Ah, c'est pas vrai !... Ça tire-bouchonne !... Ça m'énerve, mais ça m'énerve !... Oh, et puis y'en a marre ! Saloperie de mouflet ! Saleté de môme ! *(Il a pris le "bébé" par la jambe et le cogne de grands coups contre la table.)* Tiens, je vous le rends, votre sale mioche ! *(Il rejette en direction de Denise.)*

(Denise récupère le "bébé" dont le lange pend lamentablement.)

DENISE : Remarquable instinct paternel ! J'ajouterai que si le lange est mal accroché, par contre aucun problème, l'estomac est bien épinglé et l'intestin est traversé de part en part ! Eh bien, voilà un test fort édifiant !

(Félix et Donatienne en tenue de bal apparaissent à la porte du fond. Félix a l'air étrangement absent.)

61

MADO : Ah, c'qu'ils sont beaux, on dirait Mayerling !

FRED : Félix !

DONATIENNE : T'en fais pas Fredo, j'te rends ta copine en pleine forme ! L'as jamais été aussi coulant, le Félix ! Il veut bien tout.

FRED : *(se précipitant aux pieds de Félix)* Félix ! Si tu savais ce qu'ils m'ont obligé à faire. Jette tout ce monde-là dehors, mon Félix, on était si bien tous les deux ! Félix, je voudrais que tout redevienne comme avant, je t'en supplie, Félichou...

DENISE : Mais... ! Mais... ! Le père, et le vieux gâteux, ils, ils, ils en sont... C'en sont deux ! C'en sont deux ! C'est pas possible ! Alors là ! Ben alors là ! Lejeune, vous avez vu cette fois ? Vous avez entendu ? C'en est ! C'en est deux !

LEJEUNE : *(à Clémentine qui a éclaté en sanglots)* Mais, Mad... Mademoi... Madame... Mademoiselle.... c'est bien votre... ? Il est ? Dites quelque chose...

FELIX : *(lointain)* Il faut... Je veux... je veux qu'en cette maison soit l'harmonie... l'harmonie et la paix... Elles vivront là mon Fred, elles vivront là.. Donatienne, et sa fille... et Mado... et le petit Théo... parmi nous, avec nous, dans l'harmonie, le bonheur paisible...

MADO : Moi aussi, Monsieur Félix ? Moi aussi ? *(Elle court elle aussi se jeter aux pieds de Félix.)*

DONATIENNE : *(s'agenouillant et lui baisant la main)* Saint homme...

CLEMENTINE : *(tombant à genoux, bras tendus vers lui)* Félix, Félix, arrachez-leur mon enfant !

FELIX : *(lointain)* Tous, tous, sous mon toit, dans la paix, l'harmonie...

(Le tableau se fige quelques secondes. Possibilité de le rehausser par l'éclairage. Possibilité de quelques accords de l'Alléluia de Haendel.)

DENISE : Bon, c'est très beau ce pieux tableau de famille ! Et la vieille tan... le vieux gâteux, il peut loger chez lui qui il veut ! Mais une chose est certaine : le jeune Théo ne viendra pas vivre dans ce lieu de perdition ! Il restera chez nous ! Il grandira dans un foyer à l'écart du vice ! Jusqu'à sa majorité !

CLEMENTINE : *(hurlant douloureusement)* Non ! Non ! Pitié ! Mon enfant !

LEJEUNE : *(voulant la consoler)* Calmez-vous, calmez-vous... Vous pourrez venir le voir...

CLEMENTINE : Vous, fichez-moi la paix ! Vous ne valez pas mieux qu'elle !

DONATIENNE : Enfin quoi, z'allez pas nous faire ça ? Soyez indulgente, dites-vous que...

DENISE : Jamais ! Dans un foyer !

DONATIENNE : Charogne !

LEJEUNE : Mademoiselle, ne pourrions-nous déchirer ce rapport ?

DENISE : Grands dieux, non ! Pensez à l'enfant ! Le jeune Théo ne saurait vivre ici ! Il sera très bien dans un de nos foyers !

MADO : *(se relevant l'air mauvais)* Alors, moi j'vais te dire, sale refoulée, depuis le temps que ça me démange, ce coup-ci faut que ça sorte ! *(Elle entre dans la cuisine en ressort aussitôt avec une poêle à la main, marche vers Denise.)* Attends voir un peu ! J'm'en vas te dérouiller toi, ma vieille !

DENISE : Mais z'enfin, mais z'enfin, n'avez pas le droit, j'suis fonctionnaire, halte, fonctionnaire, voilà ma carte, pouvez pas faire ça, vous coûtera cher ! A l'aide, à l'aide !

(Aucun ne bouge, Mado est sur elle et commence à l'assaillir. Elles roulent à terre et se battent. Ayant perdu sa poêle, Mado frappe à coups de poings, tord, griffe et mord.)

MADO : Sale bête ! Ça te plaît de faire du mal ? Inspectrice, un beau métier, hein ? Ça permet de passer ses aigreurs sur son prochain, pas vrai ? Quand c'est qu'on est moche comme un pou, qu'on n'a pas pu se trouver un bonhomme, le gros plaisir de se payer sur les autres, sur les pauv' gens !

J'vas t'en mettre, moi, de la moralité ! Tiens ! Tiens !

DENISE : *(se défendant)* Arrêtez ! Mais arrêtez-la ! Elle est folle ! Voyez pas qu'elle est folle ! Mais elle va me tuer ! Faites quelque chose ! Faites quelque chose ! Monsieur Félix ! Monsieur Félix ! Au secours ! Au secours !

FELIX : *(s'approchant)* Paix, harmonie, harmonie, bonheur...

(Au moment où Félix se penche lentement vers Mado qui terrasse Denise, Mado vient de rempoigner sa poêle. Elle prend son élan pour frapper, et c'est Félix qui reçoit le coup. Il pousse un cri, puis les mains sur le front il s'écroule en arrière.)

MADO : *(se relevant)* Oh Monsieur Félix, Monsieur Félix, non, non, je voulais pas, j'l'ai pas fait exprès, Monsieur Félix répondez-moi !

DONATIENNE : Ah ben bravo ! Avec le mal que j'me suis donné pour... ! Et cette gourde qui l'assassine quand tout est arrangé ! *(Elle ôte ses gants, pose sur sa tête la mantille noire, joint les mains.)*

MADO : Ben Donatienne, pourquoi tu dis ça ?... Et qu'est-ce que tu fais ?

DONATIENNE : Ben, je prends le deuil ! J'suis quand même son héritière !

FRED : *(accouru)* Félix, mon Félix, Félichou, c'est ton Fred, ton petit Alfred, ta Frédichette !

LEJEUNE : *(accouru)* Il n'est peut-être qu'évanoui ! Faut essayer de le ranimer ! Vite !

(Clémentine court à la cuisine.)

DENISE : *(à Mado)* Vipère ! Homicide volontaire ! Pour toi, c'est les assises !

MADO : Dis donc, toi l'acariâtre, tu veux que j'te dérouille encore ?

DONATIENNE : Oui, ben t'en as assez fait ! *(Courant vers la cuisine.)* Clémentine, t'as qu'à essayer avec... *(Elle ouvre la porte et se prend un seau d'eau en pleine face / Même remarque que précédemment.)*... avec un seau d'eau !

64

CLEMENTINE : Oh, pardon ! Je ne savais pas que tu...

DONATIENNE : *(contenant sa colère)* Ça ne fait rien, il y avait si long-temps qu'on ne m'avait pas douchée !

MADO : *(naïvement)* Mais non Clémentine, c'était sur Monsieur Félix qu'il fallait la jeter !

CLEMENTINE : Ah ben, tu vois j'avais pas réalisé... *(Elle verse sur le visage de Félix le filet d'eau resté dans le seau.)* Mais !... Maman, y'a Félix qui bouge encore ! Il bouge !

FRED : Félichou ! Félichoune ! Tu vis ? Il vit !

LEJEUNE : Oui, ben si vous le serrez comme ça, il ne va pas vivre longtemps !

MADO : Je me disais aussi, pour un petit coup de poêle...

DENISE : Coups et blessures ! La correctionnelle ! Cinq ans tout de même !

DONATIENNE : *(à Mado)* Ma pauvre fille, tu sais décidément faire les choses qu'à moitié !

FELIX : Ma tête... Que s'est-il passé ?... Le plafond m'est tombé des-sus ?...

FRED : Félichou, te revoilà, ce que tu m'as fait peur ! J'étais tout moite de frayeur ! Touche... C'est cette bonne femme qui t'a assommé !

MADO : Rapporteur !

FELIX : Mais que font-ils tous là ? J'avais dit à Donatienne, enfin à cette soi-disant Donatienne, que je ne voulais plus les voir ici !

DONATIENNE : *(pour elle-même)* Oh merde, merde, merde ! Le choc lui a décrassé le cerveau ! Ben euh, moi aussi j'suis un peu moite, j'm'en vas me changer. *(Elle sort en catimini, porte droite.)*

MADO : Tout à l'heure, vous étiez d'accord pour qu'on reste ! C'est quand même pas pour un petit coup de poêle de rien du tout, que vous allez nous... Tenez, j'me le rends ! *(Elle se tape sur la tête avec la poêle.)* On est quittes, hein ? On peut rester ?

CLEMENTINE : Pourquoi vous dites : cette soi-disant Donatienne ?

FELIX : Attendez, attendez... Mais oui, ça me revient... La tache... Je lui ai crié de partir... et puis je suis tombé... et puis le noir... et puis le fauteuil roulant... et puis... *(Il pousse un cri.)* Elle a voulu me tuer ! Elle a essayé de me tuer !

MADO : *(pleurnichant)* Non, c'était un accident !

CLEMENTINE : C'est vrai ! *(Montrant Denise.)* En fait, elle voulait taper cette pétasse !

DENISE : Pétasse ! Moi, pétasse ? Mais elle ne s'est pas bien regardée, celle-là !

FELIX : Non, pas elle, Donatienne, enfin... la grosse, oui, la grosse a voulu me tuer !

CLEMENTINE : Il délire !

DENISE : Laissez-le dire ! C'est très instructif !

FRED : La grosse moche a voulu te tuer ? Félichou ! Ah, tu vois comme on a bien fait nous deux ! Les bonnes femmes, vraiment, c'est d'un sauvage !

FELIX : Elle a voulu m'électrocuter dans mon fauteuil !

DENISE : Elle m'a dit que c'était vous, en voulant recharger votre pile cardiaque !

FELIX : Elle a voulu m'asphyxier ! Avec un inhalateur !

MADO : *(s'étranglant)* Un inhalateur ? Ah, tiens...

FELIX : Elle a voulu me faire sauter à la dynamite !

FRED : Le gâteau d'anniversaire !

MADO : Pas possible, elle aurait au moins respecté mon gâteau !

FELIX : Elle a voulu me fracasser le crâne avec une boule de bowling !

CLEMENTINE : C'est ridicule ! Pourquoi aurait-elle fait cela ?

MADO : Oui, pourquoi ?

LEJEUNE : Oui, pourquoi ?

DENISE : Oui, pourquoi ?

FRED : Parce que !

FELIX : Pour l'héritage. La maison. Je lui avais dit que j'allais changer mon testament, qu'elle n'héritait plus !

FRED : Bien fait !

CLEMENTINE : Mais pourquoi ?

FELIX : Parce que votre mère n'est pas Donatienne Duval !

CLEMENTINE : C'est stupide ! Bien sûr que si, elle est Donatienne Duval ! Je le sais bien, tout de même !

FELIX : Non ! En tout cas, pas la Donatienne Duval que j'ai connue, et pour laquelle elle a essayé de se faire passer !

CLEMENTINE : C'est une histoire de fous !

(Retour de Donatienne, habillée comme à son arrivée dans la maison.)

DONATIENNE : Eh ben, on dirait qu'il va mieux, le Félix.

FRED : Assassine ! Monstre ! Seriale-killère ! Femme !

CLEMENTINE : Maman, dis, ça n'est pas vrai tout ce que nous a raconté Monsieur Félix ?

MADO : T'aurais quand même pas fait ça ? Faire exploser mon gâteau !

DONATIENNE : Allez les filles, on s'en va. La caravane nous attend.

67

CLEMENTINE : Mais Maman, et Théo ? Si on retourne à la caravane, ils nous donneront pas Théo !

DONATIENNE : J'ai fait ce que j'ai pu. Vous venez ?

DENISE : Théo ? Vous voulez rire ? Dans une famille d'assassins ! Il ferait beau voir ! Le gamin restera au foyer ! La fille-mère ira croupir dans sa caravane ! Et la grand-mère, elle, prendra le chemin de la prison ! En tant que fonctionnaire assermentée, je ne peux passer sous silence ces tentatives de meurtres !

LEJEUNE : Mais ceci ne nous regarde pas ! C'est l'affaire de Monsieur Félix !

FRED : Elle a raison la moche ! En prison la grosse ! Hein Félichou ?

FELIX : Ah, cesse de m'appeler comme ça ! C'est ridicule à la fin... Quant à elle, je ne vois guère comment je pourrais ne pas saisir la police de son comportement. Désolé Mademoiselle, mais, votre mère est une psychopathe dangereuse, elle ne peut pas rester en liberté. Je me ferais le complice du meurtre de ses futures victimes...

DONATIENNE : N'importe quoi ! Non mais eh, tu t'écoutes un peu, le Félix, quand tu parles ? Mes futures victimes Tu me prends pour qui ?

FRED : Pour c'qu'elle est, qu'on la prend ! Hein, Félichou ?

DONATIENNE : Ton héritage, ta maison, mais j'm'en tape mon pauvre Félix ! J'suis très bien moi, dans ma caravane ! Non, tout ça c'était pour Théo, rien que pour Théo, parce que l'autre crevure, là, elle se faisait un plaisir de le garder dans son foyer pourri sous prétexte qu'on était trop mal logés pour lui !

DENISE : Et je le maintiens ! Cet enfant a droit à une vie décente !

DONATIENNE : Il va surtout avoir le droit d'être privé de sa mère !

MADO : Monsieur Félix, moi je la connais depuis longtemps, Donatienne ; elle ferait pas de mal à une mouche !

FELIX : Alors, j'ai moins de chance que les mouches !

LEJEUNE : Monsieur Félix, c'était pour l'enfant... Elle aura perdu la tête...

DENISE : C'est vous qui la perdez, mon jeune ami ! Vous représentez ici l'administration, c'est à dire l'Etat français, et à ce titre, vous devriez...

LEJEUNE : Oh, vous, ça va ! Si ça vous amuse de passer votre vie à empoisonner celle des autres, moi pas ! Et tout ça parce qu'il ne s'est même pas trouvé un myope pour vous apprendre à aimer !

DENISE : Oh ! Jeune malappris ! Oh ! Vous avez entendu ça ? Apprenez, jeune homme, que si j'avais voulu, j'avais qu'à claquer des doigts !

MADO : Ouais, ben t'aurais pu les claquer un moment ! Tout c'que t'aurais gagné, c'est de la corne aux doigts !

CLEMENTINE : *(s'approchant de Félix)* Monsieur Félix, épargnez-la, à sa façon elle a cru bien faire ! C'était pour Théo. *(Pleurant)* Il me sera déjà assez dur de vivre sans mon bébé !

FRED : *(la tirant par l'épaule de son vêtement et la repoussant brutalement)* Fichez-lui la paix à Félix, vous l'avez assez embêté ! Partez ! Elles vont partir à la fin, toutes ces filles !

LEJEUNE : *(la rattrapant)* Mademoiselle, si vous le voulez, je serai là...

FELIX : *(saisissant son épaule dénudée)* Faites voir ! Laissez-moi voir ça !

CLEMENTINE : *(voulant se dégager)* Mais enfin, laissez-moi !

FELIX : Donatienne, qu'est-ce que cela veut dire ? Elle a la marque ! La marque sur l'épaule ! Comme, comme...

DONATIENNE : Comme elle, oui. *(Elle hésite.)* Et pour cause, c'est sa fille !

FELIX : Sa fille ?

DONATIENNE : Oui.

CLEMENTINE : Maman ? Qu'est-ce que...

DONATIENNE : Pardonne-moi chérie, j'aurais bien voulu t'épargner ça. Mais... c'est difficile à dire, tu sais... je... en réalité, je ne... je ne suis pas ta mère, et... et tu es la fille de ce petit rat de l'Opéra... qu'autrefois, ce salopard a laissé tomber après l'avoir engrossée...

CLEMENTINE : Alors, tu es en train de me dire qu'il est... qu'il est... mon... mon père ?!

DONATIENNE : Oui.

CLEMENTINE : Quelle horreur !

FRED : *(ricanant)* Elle est charmante, ta fille, Félichou ! *(Félix le repousse d'une bourrade. Il va pleurnicher à l'écart. Félix, interloqué, s'est approché de Clémentine.)*

FELIX : Mais, comment se fait-il que...

DONATIENNE : *(lui tournant le dos, perdue dans ses souvenirs)* Apres m'être tirée de l'Assistance, j'ai pas mal galéré quand j'étais jeune. J'ai rencontré ta Donatienne dans un squat' où que j'avais atterri. Elle avait son gros ventre, et le cœur en mille morceaux. Sa famille l'avait jetée, après qu'elle avait été foutue dehors de l'Opéra. On avait le même âge. Elle était belle et j'étais moche, ça nous a rapprochées. J'suis devenue sa famille. Je l'ai nourrie, à coups de combine, de vols à l'étalage. Le soir, pour rigoler, elle m'apprenait des pas de danse. Autant dire que c'était comme si elle avait voulu apprendre le tricot à un manchot-empereur ! Pour l'accouchement je l'ai conduite à l'hosto. Il est né une jolie petite fille. On l'a appelée Clémentine, parce que ce soir-là j'en avais piqué une pleine cagette dans une épicerie, pour les apporter à sa mère, à l'hosto, histoire qu'elle se retape. Après on a élevé le bébé dans le squat'. C'était surtout moi qui m'en occupais. Elle, jolie comme elle était, elle allait allumer des vieux beaux, puis elle se sauvait avec leurs portefeuilles. Un jour, elle est tombée sur un Américain, plein aux as, encore pas mal. Il a eu le coup de cœur. Elle a su y faire. Alors, il a fini par craquer, et lui a proposé de le suivre aux USA. Elle a dit oui. Mais pour le bébé, évidemment il savait rien l'Amerloque. Elle a préféré se taire, elle a eu peur de perdre le bonhomme et de laisser filer sa chance. Et elle savait bien que moi, sa gamine, j'en raffolais, pire que si ça avait été la mienne. On a échangé nos identités. Je suis devenue Donatienne Duval, mère d'une petite Clémentine. Elle, elle a pris le paquebot, sous le nom de Suzanne

70

Michoux. C'est tout... Allez, maintenant tu sais tout. Moi, je fous le camp. Clem', elle fait comme elle veut. Quant aux flics, tu sais où ils pourront me trouver. J'suis trop vieille pour entrer dans la clandestinité. Salut la compagnie ! *(Sans s'être retournée, elle marche vers la sortie.)*

CLEMENTINE : Maman ! Maman ! Attends !

(Donatienne se retourne et découvre qu'ils sont tous en train de pleurer.)

(courant se blottir dans ses bras) Maman, Maman, c'est toi ma mère ! Et y'aura jamais que toi ! L'autre, j'veux même pas la connaître !

DONATIENNE : Chérie, ma chérie...

FELIX : *(après s'être raclé la gorge, serrée par l'émotion)* Tu ne pars pas Donatienne. Tu ne pars plus. Sauf si vraiment tu préfères ta caravane. La maison est à toi. Tout de suite. Maintenant. Le temps pour Fred et moi de déménager, et de nous installer dans le pavillon, au fond du parc.

DONATIENNE : Mais...

FELIX : Nous y serons très bien. N'est-ce pas, Fred ?

FRED : *(en aparté)* Tu parles ! Et pourquoi pas aussi dans la cabane du jardin ?

FELIX : Vous vivrez ici, toi et ta fille, ma... ma... ma fille. Notre fille. Comme c'est étrange. Et comme je me sens bien. Je sais maintenant que ma vie n'aura pas été vaine. Et que déjà, alors que s'annonce la vieillesse, il y a un petit Théo qui pousse à la surface de cette terre, et qui va grandir, tout près de moi, et qui sera un peu de moi, comme une promesse faite à l'avenir...

FRED : *(pleurant)* Et moi ? J'existe plus ? C'est bien ça, on donne le meilleur de soi-même, sa vie, sa jeunesse, et puis après on est jeté aux ordures, comme une vieille pédale de vélo !

FELIX : *(affectueux)* Ne sois pas stupide, tu sais bien que tu restes mon Fred. Nous vieillirons ensemble. D'ailleurs, nous avons mes Mémoires à écrire !

CLEMENTINE : Oui mais, pour Théo ? Le rapport ?

DENISE : *(qui pleurait d'attendrissement)* N'ayez plus de souci, Clémentine. Et même, je vous demande pardon à toutes les deux. C'est vrai que la vie ne m'a pas gâtée, et que ça m'a sans doute aigrie. Donatienne, elle... Vous permettez que je vous appelle Donatienne ?

DONATIENNE : Fesez.

DENISE : Donatienne, elle, a rendu le bien pour le mal. Et quand elle a voulu faire le mal, c'était encore pour le bien. Et je trouve son histoire si belle, qu'à l'avenir, je m'efforcerai de m'en souvenir pour ne plus céder aux coups d'aigreur. *(Elle déchire son rapport.)* Voilà, je ferai un rapport favorable, vous pourrez reprendre Théo...

LEJEUNE : Et c'est moi qui vous le ramènerai, Clémentine. Cela me donnera un prétexte pour revenir vous voir.

CLEMENTINE : Vous n'avez pas besoin de chercher des prétextes. Vous serez ici le bienvenu.

LEJEUNE : Vrai ?

CLEMENTINE : Oui.

MADO : Moi... moi aussi ?

CLEMENTINE : Toi ? Mais tu restes avec nous, j'espère ! La maison est bien assez grande !

DONATIENNE : Surtout qu'en plus, va nous falloir une femme de ménage !

MADO : Oh ben dis donc !... Remarque, comme les flics des mœurs ils m'ont mise au chômage, après tout...

DONATIENNE : *(sortant un paquet de cigarettes)* Tiens, ben tout ça, ça m'a donné une grosse envie de fumer ! Je peux ?

FELIX : Bon, eh bien, Fred, si nous pensions à notre déménagement ?

DONATIENNE : Z'êtes sûrs que vous voulez pas habiter chez moi ? Chez nous ?

FELIX : Non. Il me suffit de savoir que parfois vous nous rendrez visite, au pavillon. Avec Théo. J'espère que je ne serai pas trop ridicule en grand-père...

FRED : Quand même, moi je me trouve un peu jeune pour faire une grand-mère !

DONATIENNE : T'en fais pas Fredo, on dira au petit que t'es sa grand-tante ! Eh ben voilà, tout est bien qui finit bien ! Ça s'arrose, pas vrai ? Je vais chercher de quoi dans la cuisine ! *(Elle avance vers la cuisine, au moment d'entrer se ravise.)* Attends ! Z'êtes bien tous là ? Manque personne ? Risque pas de y'en avoir un derrière avec un seau d'eau ? Bon, parce que j'en ai ma claque, moi, de... *(Elle ouvre la porte, prend un seau d'eau dans le visage / Même remarque que précédemment.)* ... de me faire doucher !

(Apparaît dans la porte le pompier de service, un seau rouge à la main.)

LE POMPIER : Faites excuse, c'est le régisseur, là, qui m'a dit comme ça d'éteindre la grosse parce qu'elle commençait à fumer.

Voix off du REGISSEUR : Pas cette grosse-là ! La grosse lampe, andouille, la grosse lampe !

RIDEAU

FIN

AVIS IMPORTANT

Cette pièce de théâtre fait partie du répertoire de la Société des Auteurs et Compositeurs Dramatiques, 11 bis rue Ballu 75442 PARIS Cedex 09. Tél. : 01 40 23 44 44. Elle ne peut donc être jouée sans l'autorisation de cette société.

Nous conseillons d'en faire la demande avant de commencer les répétitions.

Imprimé à la demande par Books On Demand GmbH, Bad Hersfeld, Allemagne

Dépôt légal : septembre 1999
N° d'édition : 991501
ISBN : 2-84422-113-0